El solfeo en 5 minutos al día

MANUALES | **Berenice**

FRÉDÉRIC ROUYER

El solfeo en 5 minutos al día

Traducido por Carmen Amores

Berenice

Berenice

www.editorialberenice.com
@berenicelibros

Publicado originalmente en francés con el título:
Petit livre – Le Solfège en 5 minutes par jour
© 2017, Éditions First, un sello de Édi8, París, Francia.

© Frédéric Rouyer, 2017
© Carmen Amores, 2026
© Editorial Almuzara, s.l., 2026

Primera edición: abril de 2026

Editorial Berenice • Colección Manuales

Director de Berenice: Javier Ortega
Traducción: Carmen Amores
Maquetación: Javier Díaz

Parque Logístico de Córdoba. Ctra. Palma del Río, km 4
C/8, Nave L2, nº 3. 14005 - Córdoba

Imprime: Gráficas La Paz
ISBN: 979-13-87811-33-4
Depósito Legal: CO-497-2026

Hecho e impreso en España - *Made and printed in Spain*

Índice

Introducción 11

1. El nombre de las notas...17

2. El pentagrama 19

3. La clave de sol 23

4. La clave de fa 25

5. El doble pentagrama 27

6. Las figuras musicales 31

7. El compás...33

8. La marcación del compás 35

9. Los silencios...37

10. La escala diatónica...39

11. La indicación de compás 41

12. Los compases simples 43

13. El compás de dos por cuatro 45

14. El compás de tres por cuatro...........................47

15. El compás de cuatro por cuatro 49

16. Las alteraciones...51

17. La división del tono...53

18. La tonalidad – el tono..57

19. El modo mayor...59

20. LA ARMADURA 61

21. EL MODO MENOR 65

22. LAS ESCALAS RELATIVAS 67

23. ESCALAS RELATIVAS MAYORES Y MENORES 69

24. DOS CORCHEAS 73

25. CUATRO SEMICORCHEAS 75

26. CORCHEA – DOS SEMICORCHEAS 77

27. DOS SEMICORCHEAS – CORCHEA 79

28. LOS INTERVALOS 81

29. LA CUALIFICACIÓN DE LOS INTERVALOS 83

30. LA COMPOSICIÓN DE LOS INTERVALOS 85

31. LA INVERSIÓN DE LOS INTERVALOS 87

32. EL CONTRATIEMPO 91

33. LA LIGADURA DE PROLONGACIÓN 93

34. LA SÍNCOPA 95

35. EL PUNTILLO 99

36. BLANCA CON PUNTILLO 101

37. NEGRA CON PUNTILLO – CORCHEA 103

38. CORCHEA CON PUNTILLO – SEMICORCHEA 105

39. EL TRESILLO 107

40. EL MOVIMIENTO 109

41. LA FRASE – EL FRASEO 113

42. LA ACENTUACIÓN 115

43. LAS DINÁMICAS 119

44. EL CARÁCTER 121

45. LOS ADORNOS 123

46. LOS COMPASES COMPUESTOS 125

47. EL COMPÁS DE SEIS POR OCHO 129

48. EL COMPÁS DE NUEVE POR OCHO 131

49. El compás de doce por ocho 133

50. La siciliana 135

51. Los signos de repetición y de salto 137

52. Los compases incompletos 139

53. El compás de tres por ocho 141

54. El compás de dos por dos 143

55. El acorde perfecto 145

56. Las cadencias 147

57. El cifrado americano de los acordes 149

58. Las tablaturas 151

59. Identificar los intervalos 153

60. Comentario de audición 157

Anexos 161

    Las familias de instrumentos 163

    Un poco de vocabulario… 167

    Principales géneros musicales 171

    Soluciones de los comentarios de audición 175

Para ir más allá… 179

INTRODUCCIÓN

¿PARA QUIÉN ES ESTE LIBRO?

Para quienes nunca han estudiado música, pero les gustaría intentarlo por su cuenta, guiados por un profesor particular o en un conservatorio.

Para quienes ya la estudiaron hace tiempo y desean poner un poco de orden en sus recuerdos.

Para todos aquellos que ya la están estudiando y necesitan un pequeño recordatorio.

SOBRE ESTE PEQUEÑO LIBRO

En este pequeño libro se presentan las nociones elementales del solfeo, es decir, las bases indispensables de teoría, lectura, ritmo, entrenamiento del oído y cultura musical. Serán de gran utilidad en tu práctica instrumental diaria.

LA ORGANIZACIÓN DEL LIBRO

Este libro contiene 60 lecciones sintéticas, completadas con anexos. Cada una ocupa una doble página y no te llevará más de cinco minutos al día.

Una parte de estas lecciones presenta nociones teóricas, agrupadas por temas (notas, claves, compases, silencios, etc.). En ocasiones van acompañadas de ejemplos musicales y ejercicios.

Las demás lecciones ponen el acento, de manera más específica, en la lectura de partituras. Entre las obras seleccionadas, algunas te resultarán familiares, mientras que otras serán sin duda descubrimientos que esperamos agradables.

Para leer las piezas, se aconseja proceder con un poco de método: localiza primero los tiempos y después lee la partitura lentamente, comenzando, si es necesario, por separar la lectura de las notas de la del ritmo (utilizando una onomatopeya o dando palmadas, por ejemplo). Por último, termina con una lectura cantada o una ejecución con tu instrumento.

Procura escuchar atentamente los fragmentos musicales para familiarizarte con las nociones presentadas.

¿POR DÓNDE EMPEZAR?

Las lecciones están organizadas siguiendo una progresión que permite una lectura lineal del libro. No obstante, el índice también te permitirá desplazarte por la obra según tus necesidades y deseos.

Una tercera posibilidad la ofrece la doble página siguiente, que presenta una partitura anotada y acompañada de una serie de referencias a las lecciones correspondientes.

La pieza elegida es el **Preludio de Chopin, op. 28 n.º 7**, extraído de los veinticuatro Preludios publicados en 1839, en la época de su relación con la escritora George Sand.

Para comenzar con música, tómate el tiempo de escucharlo antes de pasar la página...

14

F. CHOPIN, PRELUDIO, OP. 28 N.º 7

Cada número remite a una lección:

1.	Clave de sol	→ Lección 3
2.	Armadura	→ Lecciones 16 y 20
3.	Indicación de compás	→ Lección 11
4.	Indicación de movimiento	→ Lección 40
5.	Clave de fa	→ Lección 4
6.	Dinámica	→ Lección 43
7.	Indicación de carácter	→ Lección 44
8.	Silencio	→ Lección 9
9.	Nota	→ Lecciones 1 y 6
10.	Pentagrama	→ Lección 2
11.	Intervalo	→ Lección 28
12.	Ligadura de prolongación	→ Lección 33
13.	Barra de compás	→ Lección 7
14.	Doble pentagrama	→ Lección 5
15.	Ligadura de expresión	→ Lección 42
16.	Crescendo	→ Lección 43
17.	Alteración accidental	→ Lección 16
18.	Puntillo	→ Lección 35
19.	Acorde perfecto	→ Lección 55
20.	Doble barra	→ Lección 7

1
EL NOMBRE DE LAS NOTAS

Para representar los sonidos y distinguir su altura, se utilizan siete notas:

do o ut, re, mi, fa, sol, la, si.

Los nombres de las seis primeras proceden de un himno a san Juan Bautista, escrito en latín por el poeta carolingio Paul Diácono, del que Guido de Arezzo, monje toscano del siglo XI, tomó la primera sílaba de cada verso:

Ut queant laxis	*Para que tus siervos*
Resonare fibris	*puedan cantar*
Mira gestorum	*a pleno pulmón*
Famuli tuorum,	*las maravillas de tus hazañas,*
Solve poluti	*absuelve el pecado*
Labii reatum,	*de sus labios mancillados,*
Sancte **J**ohannes.	*san Juan.*

El «SJ» de *Sancte Johannes* se transformó en *si* en el siglo XVI. En cuanto a la sílaba *do,* más fácil de cantar que el *ut* primitivo, fue adoptada en el siglo siguiente en homenaje al compositor italiano Giovanni Battista Doni.

UN POCO DE PRÁCTICA…

Antes de aprender a reconocer estas no ra y para facilitar la rapidez de lectura, el orden de las notas debe saberse de memoria en ambos sentidos, partiendo de cualquier nota.

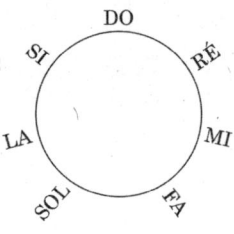

Los tres ejercicios siguientes te ayudarán a adquirir estos automatismos:

1. Recita rápidamente las notas en sentido ascendente:

   do – re – mi – fa – sol – la – si – do
   re – mi – fa – sol – la – si – do – re
   mi – fa – sol…

2. Recítalas ahora en sentido descendente:

   do – si – la – sol – fa – mi – re – do
   si – la – sol – fa – mi – re – do – si
   la – sol – fa…

3. Alterna ambos sentidos partiendo de la misma nota:

   do – re – mi – fa – sol – la – si – do
   do – si – la – sol – fa – mi – re – do
   re – mi – fa…

2
EL PENTAGRAMA

Las notas musicales se escriben en un *pentagrama* compuesto por cinco líneas horizontales. El espacio comprendido entre las líneas se llama *interlínea*. Las líneas y las interlíneas se cuentan de abajo hacia arriba.

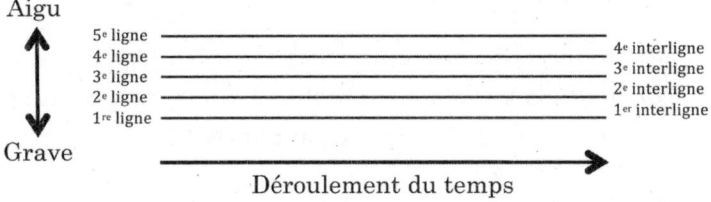

Las notas se colocan sobre las líneas y entre las líneas del pentagrama.

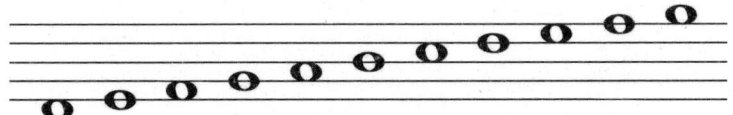

Si es necesario, se puede ampliar la extensión del pentagrama añadiendo *pequeñas líneas adicionales* (líneas suplementarias).

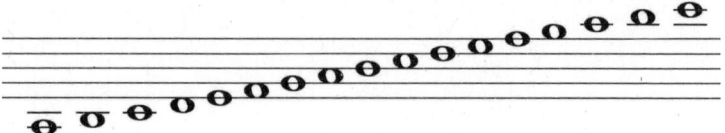

LAS DISTINTAS CLAVES Y SU POSICIÓN EN EL PENTAGRAMA GENERAL

El uso de un gran pentagrama de once líneas permitiría escribir la totalidad de los sonidos que abarca la extensión vocal.

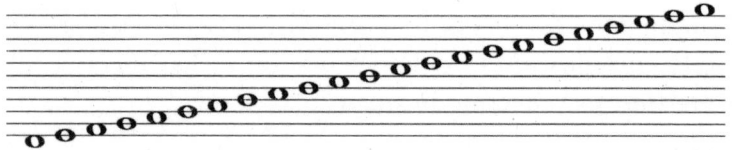

Sin embargo, para facilitar la lectura y adaptarse a la tesitura de cada voz o instrumento, se utiliza un pentagrama de solo cinco líneas, precedido por tres tipos de claves:

- la *clave de sol*, para las notas agudas;
- la *clave de do*, para las notas intermedias;
- la *clave de fa*, para las notas graves.

Este esquema permite comprender la relación entre las distintas claves.

3
LA CLAVE DE SOL

La *clave de sol* da nombre a la nota situada en la segunda línea del pentagrama.

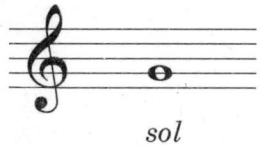

sol

A partir de ella se puede deducir el nombre de las de-más notas.

sol la si do ré mi fa sol la si do

sol fa mi ré do

Numerosos instrumentos utilizan la clave de sol: los instrumentos de teclado y el arpa (mano derecha), el violín, la flauta, el oboe, el clarinete, el saxofón, la trompa, la trompeta, la guitarra, etc. También se emplea para escribir las voces de soprano, contralto y tenor.

La forma de esta clave tiene su origen en la letra G, que en la Edad Media designaba la nota *sol*.

$$G \rightarrow \text{♪} \rightarrow \text{♪} \rightarrow \text{𝄞}$$

UN POCO DE LECTURA…

Nombra las notas sin cantarlas:

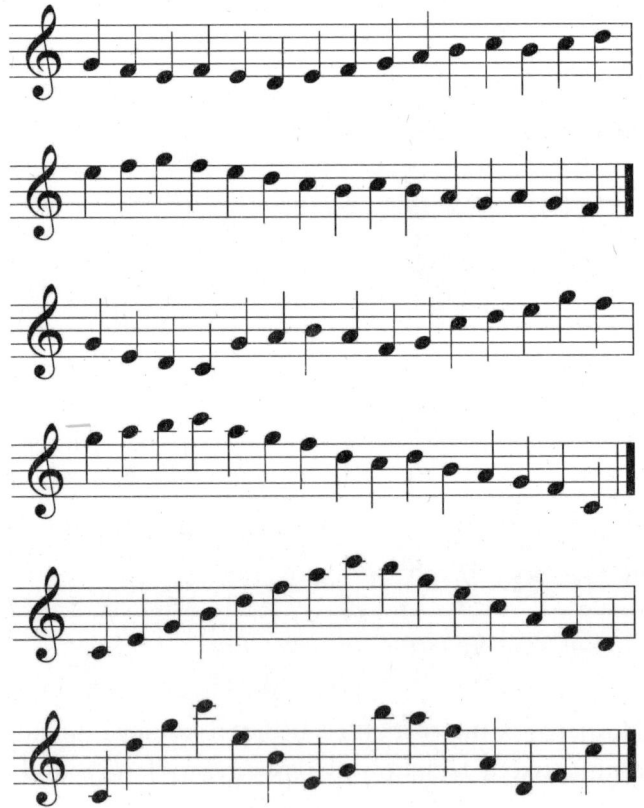

4
LA CLAVE DE FA

La *clave de fa* da nombre a la nota situada en la cuarta
línea del pentagrama.

fa

A partir de ella se puede deducir el nombre de las demás notas.

Numerosos instrumentos utilizan la clave de fa: los
instrumentos de teclado y el arpa (mano izquierda), el

violonchelo, el contrabajo, el fagot, etc. También se emplea para escribir la voz de bajo.

La forma de esta clave tiene su origen en la letra F, que en la Edad Media designaba la nota fa.

$$ F \rightarrow F \rightarrow F \rightarrow \text{𝄢} $$

UN POCO DE LECTURA…

Nombra las notas sin cantarlas:

5
EL DOBLE PENTAGRAMA

El *doble pentagrama*, utilizado para escribir instrumentos de gran tesitura, como los instrumentos de teclado o el arpa, no es sino el pentagrama general de once líneas (→ Lección 2) sin la línea central.

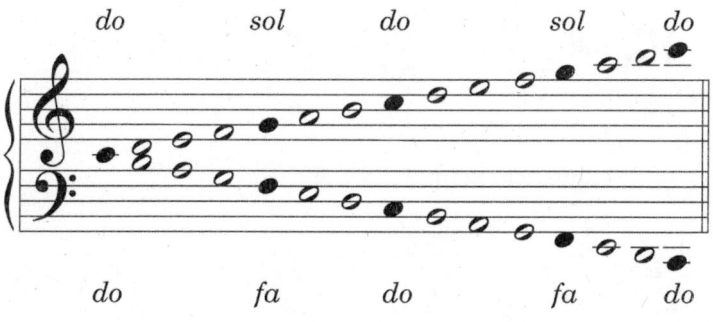

Las notas en negro (*do, sol, fa*) pueden servir como puntos de referencia para facilitar la lectura.

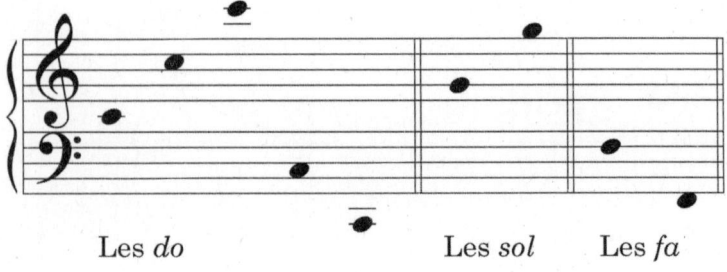

Les *do*   Les *sol*   Les *fa*

¿CÓMO EVITAR LAS LÍNEAS ADICIONALES?

La proliferación de líneas adicionales puede perjudicar la legibilidad de una partitura. Por ello, se utilizarán los siguientes signos para transportar las notas una octava (→ Lección 28), si es necesario:

- El signo de *octava alta* (8va)

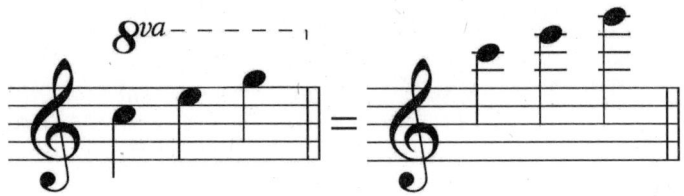

- El signo de *octava baja* (8vb)

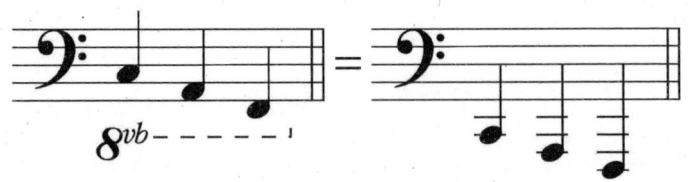

- La *clave transpositora*

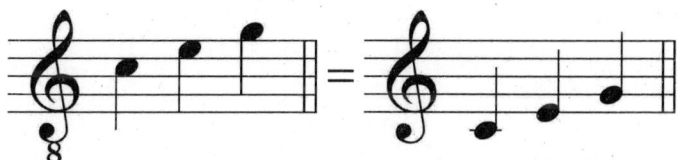

6
LAS FIGURAS MUSICALES

Para indicar la duración más o menos larga de los sonidos, se utilizan siete figuras musicales.

La **ronde** . . . . **o**

La **blanche** . . . . ♩

La **noire** . . . . ♩

La **croche** . . . . ♪

La **double-croche** . . . . ♬

La **triple-croche** . . . . ♬

La **quadruple-croche** . . . . ♬

La plica (o asta) de las notas puede dirigirse indistin-
tamente hacia arriba o hacia abajo. El uso establece que

se oriente hacia arriba para las notas que no superan la segunda interlínea y hacia abajo para las demás.

TABLA DE LOS VALORES RELATIVOS DE LAS NOTAS

La redonda, o unidad, es la duración más larga.

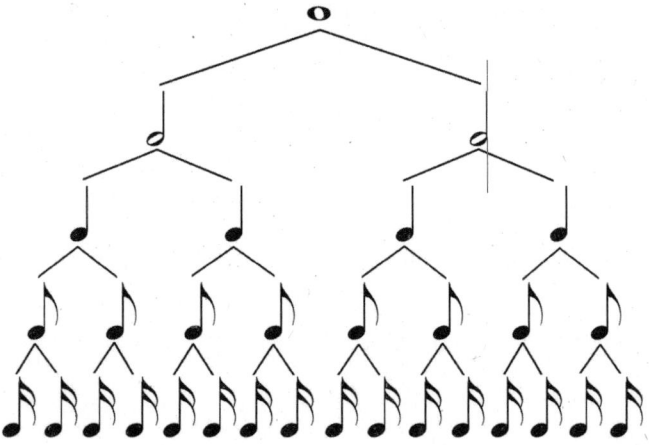

Cada nota tiene una duración doble de la que la sigue. Así: la redonda vale dos blancas, la blanca vale dos negras, la negra vale dos corcheas, la corchea vale dos semicorcheas, etc.

Cuando varias corcheas, semicorcheas, fusas o semifusas se suceden, se sustituyen los corchetes por una o varias barras.

7
EL COMPÁS

Las piezas musicales se dividen en secciones breves de igual duración llamadas *compases*. Todo compás está comprendido entre dos líneas verticales llamadas *barras de compás*.

Barre de mesure   Barre de mesure

Mesure   Mesure   Mesure

El final de una pieza musical se indica siempre mediante una *doble barra de compás*.

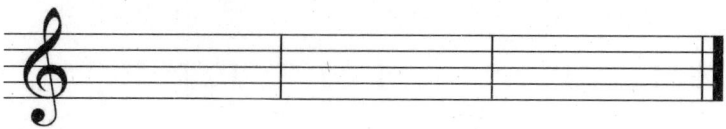

Cada compás contiene una suma igual de valores. Por ejemplo, si una redonda debe ocupar la totalidad de un compás, cada compás contendrá ese valor representado de una forma u otra.

LA PULSACIÓN Y LOS TIEMPOS DEL COMPÁS

Al igual que el latido del corazón o el segundero de un reloj, la *pulsación* es el elemento regular que divide el tiempo a mayor o menor velocidad.

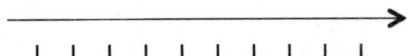

Puede estar marcada de forma explícita por un instrumento (una percusión, por ejemplo) o ser únicamente un elemento subyacente, pero no por ello menos fundamental.

La noción de *tiempo* en música designa la duración entre dos pulsaciones. Estos tiempos se agrupan a su vez dentro de un compás en cantidad variable. Los compases más frecuentes contienen dos, tres o cuatro tiempos.

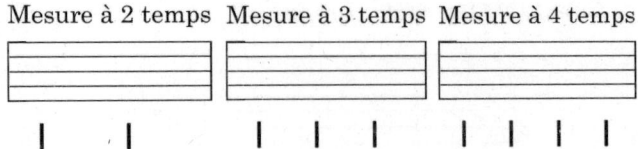

8
LA MARCACIÓN DEL COMPÁS

Para marcar correctamente cada tiempo, se bate el compás. Desde el punto de vista de la acentuación, no todos los tiempos tienen la misma importancia. Se distinguen así los *tiempos fuertes* (sobre los que se apoya la música) y los *tiempos débiles*. El primer tiempo de cada compás (tiempo fuerte) se marca siempre hacia abajo, y el último (tiempo de levantamiento), siempre hacia arriba.

En el compás de dos tiempos, el primer tiempo es *fuerte* y el segundo es *débil*. Se bate:

- el primer tiempo hacia abajo;
- el segundo tiempo hacia arriba.

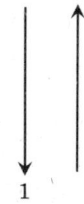

En el compás de tres tiempos, el primer tiempo es *fuerte* y los otros dos son *débiles*. Se bate:

- el primer tiempo hacia abajo;
- el segundo tiempo hacia la derecha;
- el tercer tiempo hacia arriba.

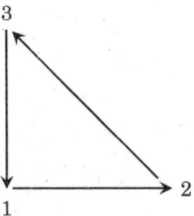

En el compás de cuatro tiempos, el primer tiempo es fuerte, el segundo débil, el tercero fuerte y el cuarto débil. Se bate:

- el primer tiempo hacia abajo;
- el segundo tiempo hacia la izquierda;
- el tercer tiempo hacia la derecha;
- el cuarto tiempo hacia arriba.

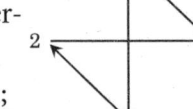

UN POCO DE PRÁCTICA…

En las siguientes piezas, comienza por buscar la pulsación. Intenta después distinguir el retorno regular de los tiempos fuertes y, a continuación, bate el compás. Presta especial atención a sentir bien la levada en el último tiempo.

- Compás de dos tiempos: *Les Indes galantes*, « Danse des Sauvages ».
- Compás de tres tiempos: Primera suite para orquesta BWV 1066, « Minueto ».
- Compás de cuatro tiempos: *Water Music*, « Air ».

9
LOS SILENCIOS

Los *silencios* son signos que indican la interrupción momentánea de los sonidos. Existen siete, que corresponden al valor de las siete figuras musicales.

La **pause**.	▬
La **demi-pause**	▬
Le **soupir**	𝄽
Le **demi-soupir**	𝄾
Le **quart de soupir**	𝄿
Le **huitième de soupir**	𝅀
Le **seizième de soupir**	𝅁

La pausa se coloca debajo de la cuarta línea. La media pausa, encima de la tercera línea.

EQUIVALENCIA ENTRE SILENCIOS Y NOTAS

la pause	la demi-pause	le soupir	le demi-soupir	le quart de soupir	le 8e de soupir	le 16e de soupir
▬	▬	𝄽	𝄾	𝄿	𝅀	𝅁
vaut une ronde	vaut une blanche	vaut une noire	vaut une croche	vaut une double-croche	vaut une triple-croche	vaut une quadruple-croche
𝅝	𝅗𝅥	♩	♪	♬		

LA PAUSA Y LOS COMPASES VACÍOS

La pausa puede durar también un compás entero, sea cual sea el número de tiempos de dicho compás.

Cuando varios compases de silencio se suceden, como ocurre en la música orquestal, puede utilizarse la *pausa múltiple*.

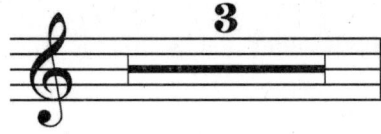

La cifra indica el número de compases completos durante los cuales se prolonga el silencio.

10
LA ESCALA DIATÓNICA

Una *escala diatónica* es la sucesión de las siete notas dispuestas en orden ascendente o descendente de los sonidos, seguidas de una octava que repite la primera. La escala que comienza y termina en do se llama *escala de do mayor* (→ Lección 19).

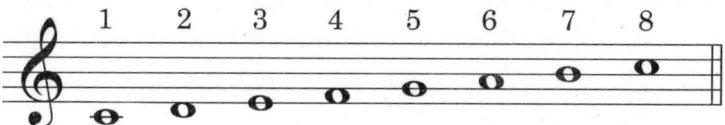

Las notas de la escala no están todas a la misma distancia entre sí. Algunas están separadas por un *tono* y otras por un *semitono*. Los semitonos se sitúan entre *mi–fa* y *si–do*.

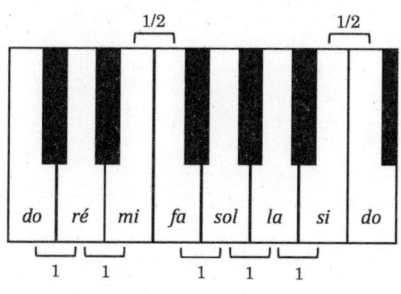

LOS GRADOS DE LA ESCALA

Cada nota de una escala constituye un *grado* dentro de ella, y cada grado recibe un nombre específico que indica su posición y su función:

- el grado I se llama *tónica*;
- el grado II se llama *supertónica*;
- el grado III se llama *mediante*;
- el grado IV se llama *subdominante*;
- el grado V se llama *dominante*;
- el grado VI se llama *superdominante*;
- el grado VII se llama *sensible*.

La *tónica* es la nota más importante de la escala, ya que da nombre a la *tonalidad* (→ Lección 18). Es en ella donde la melodía descansa y donde concluyen las frases musicales. La *dominante* es la nota más importante después de la tónica: domina en una melodía. La *sensible* recibe este nombre porque tiende a resolverse en la tónica, de la que solo la separa un semitono.

11
LA INDICACIÓN DE COMPÁS

Todos los compases de una pieza deben contener la misma suma de valores rítmicos (→ Lección 7). Así, si un compás contiene una blanca, los compases siguientes deberán contener siempre una suma de valores equivalente, es decir, dos negras, cuatro corcheas, etc.

El contenido de los compases se indica mediante una fracción (se omite la línea divisoria). Por ejemplo:

$$\frac{2}{4} \quad \frac{3}{4} \quad \frac{4}{4} \quad \frac{6}{8} \quad \frac{9}{8} \quad \frac{12}{8}$$

Los dos números se leen de arriba abajo: «dos por cuatro», «tres por cuatro», «cuatro por cuatro», «seis por ocho», etc.

Se colocan al comienzo de la pieza, después de la clave. Si el compás cambia a lo largo de la obra, se indica la nueva indicación tras una barra de compás.

SIGNIFICADO DE LA INDICACIÓN DE COMPÁS

La indicación de compás representa una fracción de la redonda, tomada como unidad de medida (→ Lección 6). Así:

- el *número superior* expresa la cantidad de valores dentro de un compás;
- el *número inferior* expresa la duración de esos valores: la blanca, que vale la mitad de una redonda, se representa con un 2; la negra, que vale un cuarto, con un 4; y la corchea, que vale un octavo, con un 8.

Ejemplo: la indicación $\frac{3}{4}$ significa que el compás está formado por tres cuartos de redonda, es decir, por tres negras o su equivalente (en notas o silencios).

DETERMINAR EL NÚMERO Y EL VALOR DE LOS TIEMPOS

La indicación de compás permite también determinar el número y el valor de los tiempos que forman el compás, de dos maneras distintas según se trate de *compases simples* (→ Lección 12) o de *compases compuestos* (→ Lección 46).

12
LOS COMPASES SIMPLES

Se llaman compases *simples* o compases *binarios* aquellos en los que cada tiempo se compone de un valor divisible por dos, como una blanca, una negra o una corchea.

INDICACIONES PRINCIPALES

Los compases simples más utilizados son aquellos que contienen el valor de una negra por tiempo:

- *dos por cuatro* $\frac{2}{4}$ para el compás de dos tiempos;
- *tres por cuatro* $\frac{3}{4}$ para el compás de tres tiempos;
- *cuatro por cuatro* $\frac{4}{4}$ o **C** para el compás de cuatro tiempos.

En los compases simples, el *número inferior* indica el valor de la nota que constituye un tiempo (en este caso, la negra → Lección 11). El *número superior* indica la cantidad de esos valores y, por tanto, el número de tiempos.

UN POCO DE LECTURA…

En estos compases, hay que mantener el sonido de una *negra* durante un tiempo, el de una *blanca* durante dos tiempos y el de una *redonda* durante cuatro tiempos.

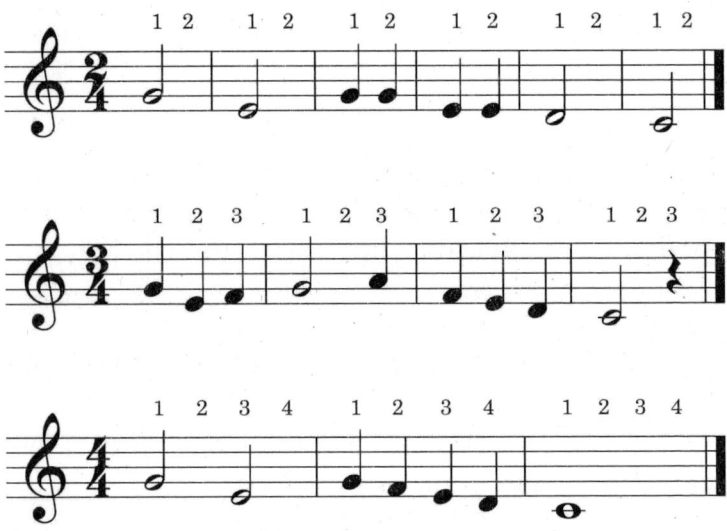

Para adquirir una pulsación interior estable, condición necesaria para toda ejecución musical lograda, al principio puede ayudarse marcando la pulsación con golpes o batiendo el compás. También puede utilizarse el *metrónomo* si es necesario (→ Lección 40).

13
EL COMPÁS DE DOS POR CUATRO

Duérmete, niño do

Do - do, l'en - fant do,

L'en - fant dor - mi - ra bien vi - te,

Do - do, l'en - fant do,

L'en - fant dor - mi - ra bien - tôt.

Ah, vous dirai-je, maman

Ah ! vous di – rai – je, ma – man,

Ce qui cau – se mon tour – ment !

Pa – pa veut que je rai – son – ne

Comme u – ne gran – de per – son – ne ;

Moi je dis que les bon – bons

Va – lent mieux que la rai – son.

14
EL COMPÁS DE TRES POR CUATRO

Duérmete, Colás, mi hermanito

Fais do - do, Co - las, mon p'tit frè - re;

Fais do - do, t'au - ras du lo - lo; Ma -

man est en haut Qui fait du gâ - teau, Pa -

pa est en bas Qui fait du cho - co - lat:

15
EL COMPÁS DE
CUATRO POR CUATRO

A la luz de la luna

R. Schumann
Álbum para la juventud, op. 68 n.º 3
« Trällerliedchen » (« Pequeña canción »)

16
LAS ALTERACIONES

La *alteración* es un signo que modifica la altura de la nota a la que afecta. Existen tres alteraciones:

- el *sostenido* ♯, que eleva el sonido un semitono;
- el *bemol* ♭, que baja el sonido un semitono;
- el *becuadro* ♮, que anula el efecto del sostenido o del bemol.

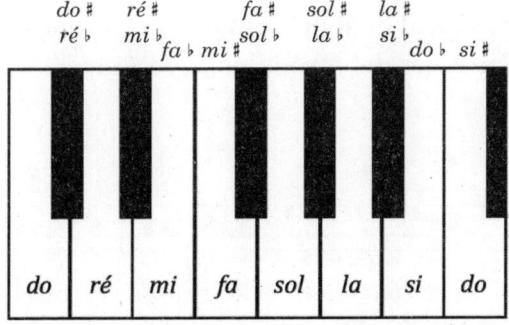

Como puede observarse en el teclado del piano, algunas notas pueden tener el mismo sonido y, sin embargo, nombres distintos. Se habla entonces de *enarmonía*. Por ejemplo: *do* sostenido y *re* bemol.

ALTERACIONES CONSTITUTIVAS Y ACCIDENTALES

Una alteración puede considerarse *constitutiva* o *accidental*.

Las *alteraciones constitutivas*, colocadas en la clave, reciben este nombre porque forman la armadura (→ Lección 20). Afectan a todas las notas del mismo nombre, cualquiera que sea su altura, y actúan durante toda la duración de la pieza.

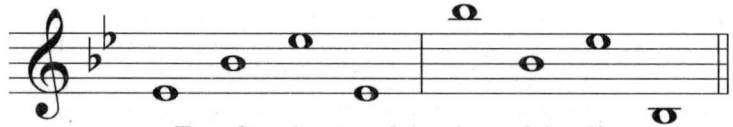

Tous les *si* et tous les *mi* sont bémols.

Las *alteraciones accidentales*, que se utilizan de forma puntual, se colocan directamente delante de la nota. Su efecto termina al final del compás correspondiente y solo afecta a las notas del mismo nombre situadas a la misma altura.

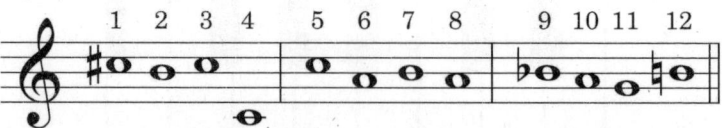

Les notes 1 et 3 sont diésées ; les notes 4 et 5 ne le sont pas.
La note 9 est bémolisée ; sans le bécarre, la note 12 le serait.
Les notes 2, 5, 6, 7, 8, 10 et 11 ne sont pas altérées.

17
LA DIVISIÓN DEL TONO

Un tono se divide en dos semitonos, ya sea elevando con un sostenido la nota inferior de ese tono:

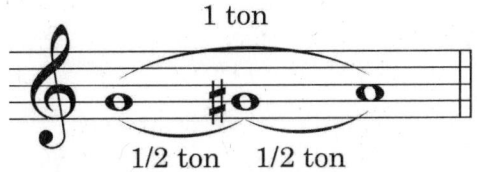

O bien bajando con un bemol la nota superior de ese tono.

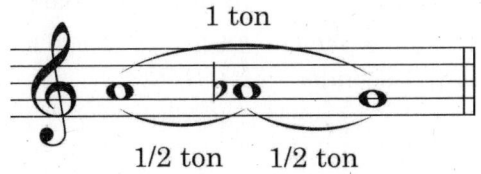

SEMITONOS DIATÓNICOS Y CROMÁTICOS

Los semitonos son *diatónicos* cuando están comprendidos entre dos notas de distinto nombre, y *cromáticos* cuando están comprendidos entre dos notas del mismo nombre, una de las cuales está alterada con un sostenido o un bemol.

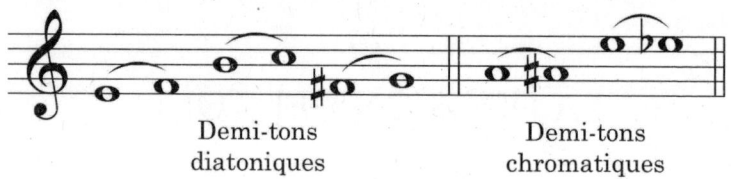

Demi-tons
diatoniques

Demi-tons
chromatiques

Un tono está siempre compuesto por un semitono cromático y un semitono diatónico.

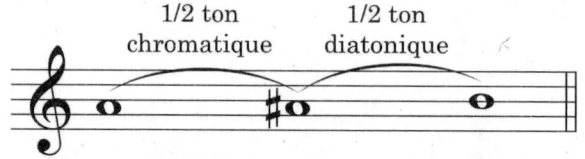

1/2 ton
chromatique

1/2 ton
diatonique

LAS ESCALAS CROMÁTICAS

A diferencia de las *escalas diatónicas*, que avanzan por tonos y semitonos diatónicos (→ Lección 10), las *escalas cromáticas* solo contienen semitonos cromáticos y diatónicos. Se dará preferencia a los sostenidos al ascender y a los bemoles al descender.

Gamme chromatique ascendante

Gamme chromatique descendante

18
LA TONALIDAD – EL TONO

La palabra *tono* no expresa únicamente la distancia que existe entre dos notas. También se emplea como abreviatura del término *tonalidad*.

La tonalidad designa la escala privilegiada de una obra. Cuando se dice que una pieza está en *do* mayor:

- «*do*» es el *tono*, designado por la nota *tónica*, primera nota de la escala (→ Lección 10);
- «mayor» es el *modo*, es decir, la distribución de los tonos y semitonos entre las notas de la escala. Existen dos modos principales: el *modo mayor* (→ Lección 19) y el *modo menor* (→ Lección 21);
- por regla general, la obra comienza y termina en esa misma tonalidad, llamada tonalidad *principal*.

Todas las piezas estudiadas hasta ahora están escritas en el tono de *do* mayor, pero también podrían cantarse en otro tono mayor sin que la melodía se modificara: simplemente quedaría transpuesta hacia el registro agudo o grave.

Ejemplo de una melodía escrita en tres tonalidades distintas: *Ah, vous dirai-ie, maman*

En *do* majeur

En *fa* majeur

En *la* majeur

Cuando se desea modificar la altura de una melodía, se la *transpone*: se cambia la tonalidad procurando conservar, mediante sostenidos y bemoles, los mismos *intervalos* (→ Lección 28) que en la melodía original.

19
EL MODO MAYOR

Los distintos modos se emplean para expresar sentimientos bien diferenciados. Así, puede decirse que el *modo mayor* expresa generalmente alegría y vivacidad.

Este modo se forma partiendo de *do* y siguiendo el orden ascendente de las teclas blancas del piano.

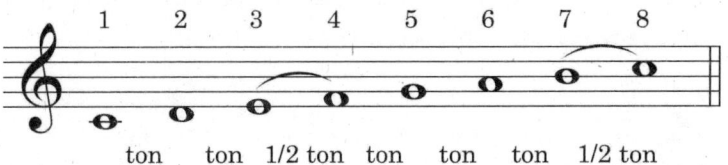

El modo mayor presenta entre sus grados los siguientes intervalos sucesivos: 1 tono, 1 tono, 1/2 tono, 1 tono, 1 tono, 1 tono, 1/2 tono.

Los dos semitonos de una escala diatónica mayor se sitúan, por tanto, entre la tercera y la cuarta nota, y entre la séptima y la octava.

Esta sucesión constituye el modelo de todas las escalas mayores.

LAS ESCALAS DIATÓNICAS MAYORES

Se denominan escalas *diatónicas mayores* aquellas que se forman siguiendo el modelo de la escala de *do* mayor.

Para construir una escala mayor a partir de cualquier nota, basta con disponer los tonos y los semitonos, mediante sostenidos y bemoles, en el mismo orden que en la escala modelo de *do*.

Por ejemplo, para construir la escala de *fa* mayor, es necesario bajar el *si*; de lo contrario, el primer semitono se situaría entre la cuarta y la quinta nota.

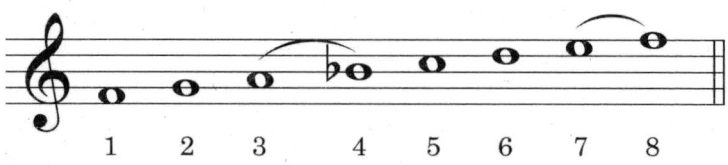

Para construir la escala de *sol* mayor, es necesario elevar el *fa*; de lo contrario, el segundo semitono se situaría entre la sexta y la séptima nota.

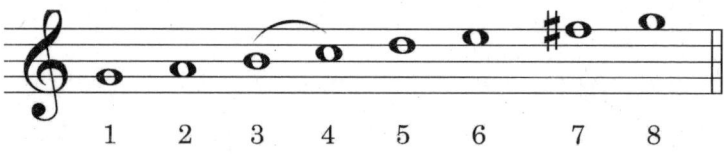

20
LA ARMADURA

Los signos de alteración necesarios para la formación de las distintas escalas se colocan al comienzo del pentagrama, junto a la clave. Estas alteraciones reciben el nombre de *armadura* (→ Lección 16).

EL ORDEN DE LOS SOSTENIDOS Y LOS BEMOLES

El primer sostenido es siempre *fa*, y los demás siguen formando una sucesión de cinco notas en cinco notas (por quintas, → Lección 28) en sentido ascendente.

fa   do   sol   ré   la   mi   si

El primer bemol es siempre *si*, y los demás siguen formando una sucesión de cinco notas en cinco notas (por *quintas*) en sentido descendente.

El orden de los bemoles es el inverso del de los sostenidos.

ENCONTRAR UNA TONALIDAD MAYOR
A PARTIR DE LA ARMADURA

- El último sostenido de la armadura es siempre la *nota sensible* (séptimo grado) del tono mayor en el que está escrita la pieza. Basta, por tanto, con tomar un semitono por encima del último sostenido para obtener la tónica del tono mayor.

Con cuatro sostenidos (fa, *do*, *sol*, *re*), el re sostenido es la nota sensible; la tónica es, por tanto, *mi*. La tonalidad es *mi* mayor.

- El penúltimo bemol de la armadura es siempre la tónica (primer grado) del tono mayor en el que está escrita la pieza.

Exemple :

Con cuatro bemoles (*si, mi, la, re*), el penúltimo bemol —y, por tanto, la tónica— es *la* bemol. La tonalidad es *la* bemol mayor.

La escala que contiene un solo bemol es la escala de *fa* mayor.

21
EL MODO MENOR

A diferencia del modo mayor, el *modo menor* expresa generalmente tristeza y melancolía. Se forma a partir de la escala diatónica de la menor, a la que se añade una *sensible* (→ Lección 10) elevando el séptimo grado un semitono mediante una alteración accidental.

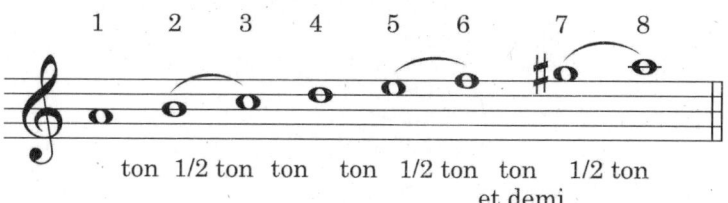

Este modo menor, llamado *armónico*, presenta entre sus grados los siguientes intervalos sucesivos: 1 tono, 1/2 tono, 1 tono, 1 tono, 1/2 tono, 1 tono y medio, 1/2 tono.

Para evitar la disonancia entre la sexta y la séptima nota, se utilizan también otras dos escalas, llamadas *melódicas*.

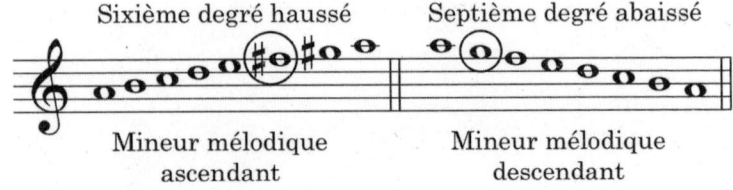

Sixième degré haussé   Septième degré abaissé

Mineur mélodique   Mineur mélodique
ascendant   descendant

NOTAS MODALES Y NOTAS TONALES

Si se comparan dos escalas con el mismo punto de partida, una mayor y otra menor, se observa que solo difieren en dos grados: el tercero y el sexto, que están rebajados un semitono en el modo menor.

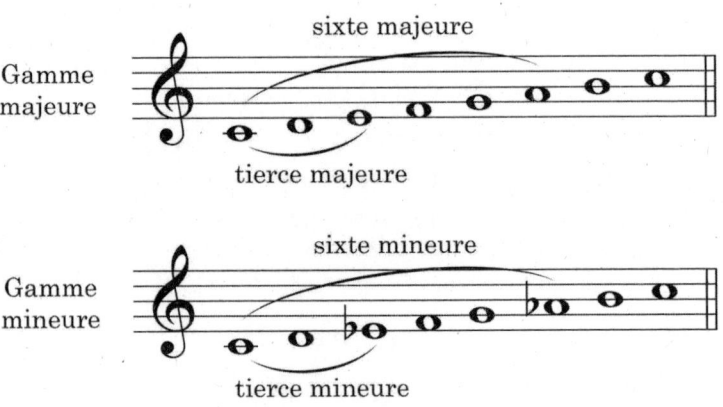

Estos grados tercero y sexto se llaman *notas modales*, ya que son los que caracterizan el modo.

Los grados primero, cuarto y quinto, que son idénticos tanto en el modo mayor como en el menor, se llaman *notas tonales*, porque indican el *tono* (→ Lección 18). Corresponden a los intervalos cuya cualificación es justa con respecto a la tónica: la *cuarta*, la *quinta* y la *octava* (→ Lección 29).

22
LAS ESCALAS RELATIVAS

A cada armadura le corresponden dos escalas posibles, una mayor y otra menor. Se denominan *escalas relativas* porque están relacionadas por la armadura: tienen las mismas alteraciones en la clave.

Estas dos escalas están separadas por una *tercera menor*, es decir, un tono y medio (→ Lección 30):

- una escala mayor tiene su relativa menor situada una tercera menor por debajo de su tónica;
- una escala menor tiene su relativa mayor situada una tercera menor por encima de su tónica.

Ejemplo: *fa* mayor y *re* menor.

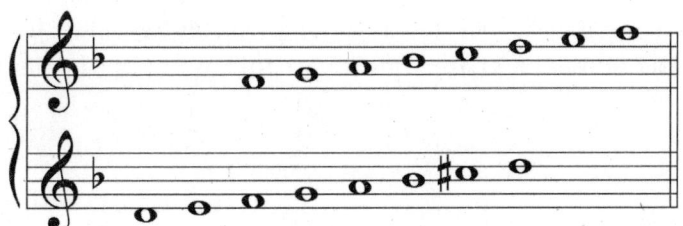

RECONOCER LA ESCALA
UTILIZADA EN UNA PIEZA

Para reconocer el modo, mayor o menor, en el que está escrita una pieza, hay que observar en los primeros compases si la nota sensible de la escala menor presenta una alteración accidental.

Ejemplo:

Con un bemol en la clave, las dos escalas posibles son fa mayor o re menor. La presencia de la sensible de re (do sostenido) en los primeros compases indica que la pieza está en re menor y no en fa mayor.

Por otra parte, dado que la última nota de una frase musical suele ser la tónica, también puede buscarse al final de la pieza (en la melodía o, con mayor seguridad, en el bajo) para determinar el tono. En el ejemplo, el re, tónica de re menor, aparece efectivamente al final de la pieza.

23
ESCALAS RELATIVAS MAYORES Y MENORES

ESCALAS CON ARMADURA SIN SOSTENIDOS NI BEMOLES.

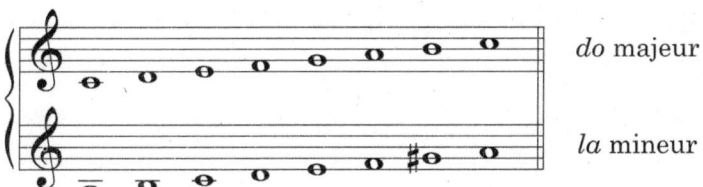

do majeur

la mineur

ESCALAS CON ARMADURAS CON BEMOLES.

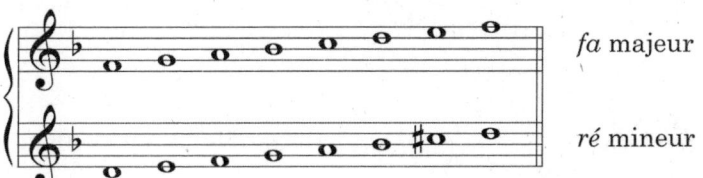

fa majeur

ré mineur

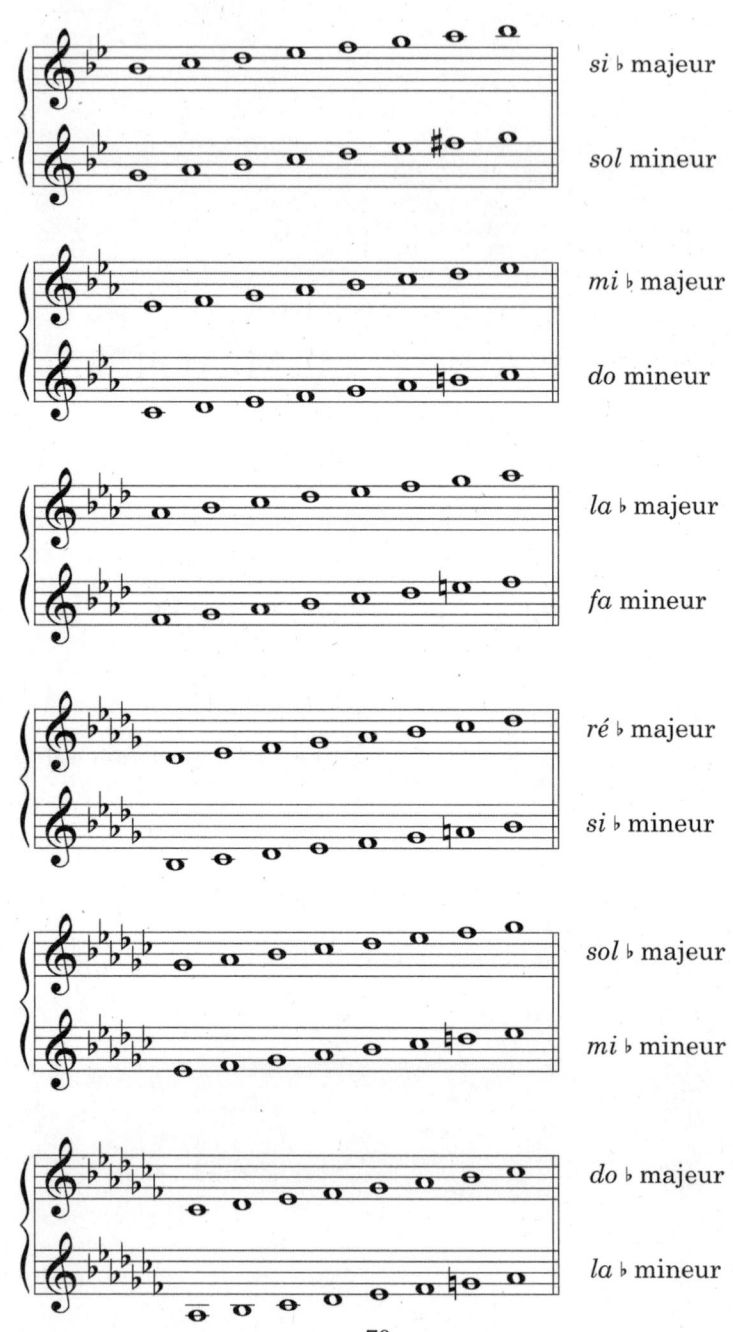

si♭ majeur

sol mineur

mi♭ majeur

do mineur

la♭ majeur

fa mineur

ré♭ majeur

si♭ mineur

sol♭ majeur

mi♭ mineur

do♭ majeur

la♭ mineur

ESCALAS CON ARMADURAS CON SOSTENIDOS.

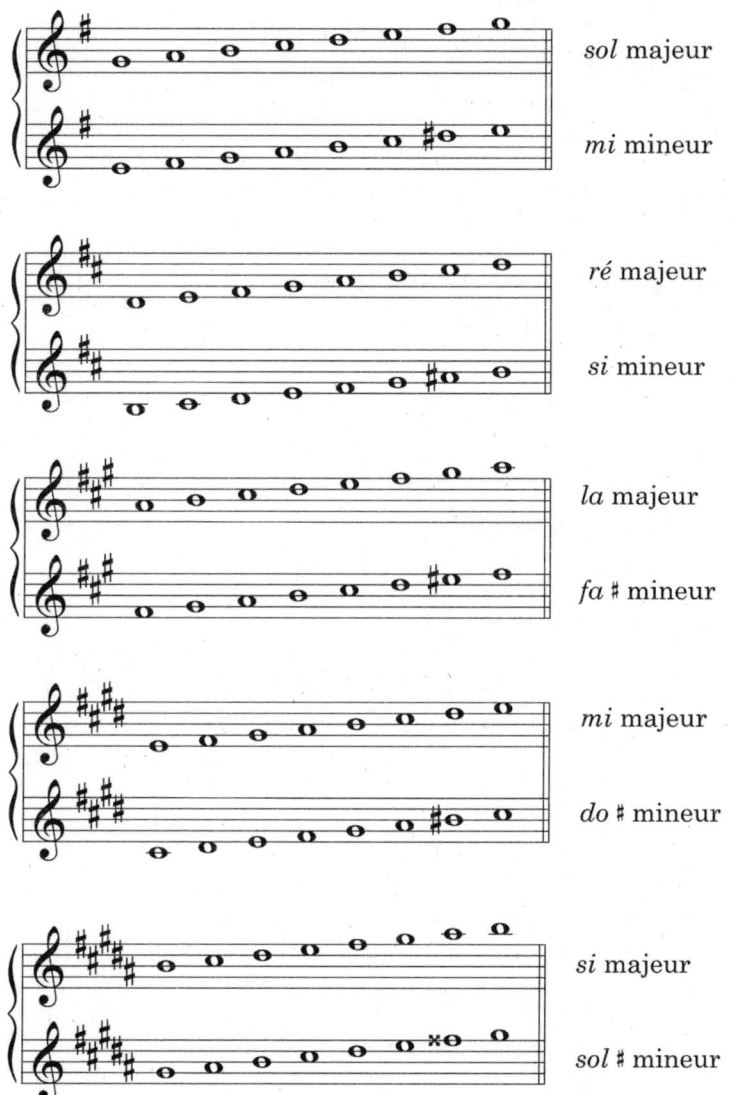

sol majeur

mi mineur

ré majeur

si mineur

la majeur

fa # mineur

mi majeur

do # mineur

si majeur

sol # mineur

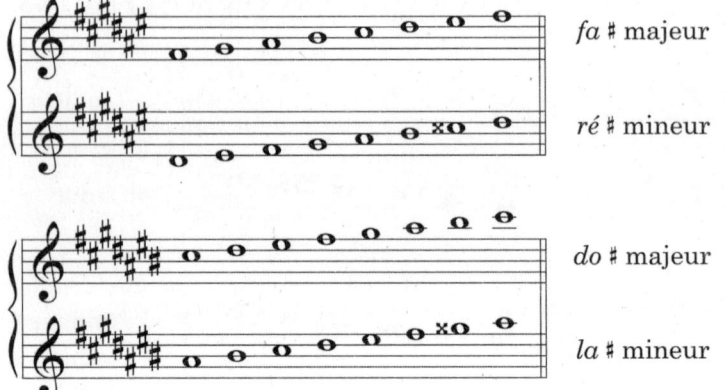

fa ♯ majeur

ré ♯ mineur

do ♯ majeur

la ♯ mineur

El *doble sostenido* ✗ eleva un semitono una nota ya sostenida (el *doble bemol* se indica ♭♭).

Se llaman *escalas enarmónicas* aquellas cuyas tónicas son notas enarmónicas.

Ejemplo: *do* sostenido mayor y *re* bemol mayor.

Se llaman *escalas homónimas* aquellas que tienen la misma tónica, pero modos diferentes.

Ejemplo: *do* mayor y *do* menor.

24
DOS CORCHEAS

J. Haydn
Sinfonía n.º 94 « La sorpresa »
Segundo movimiento

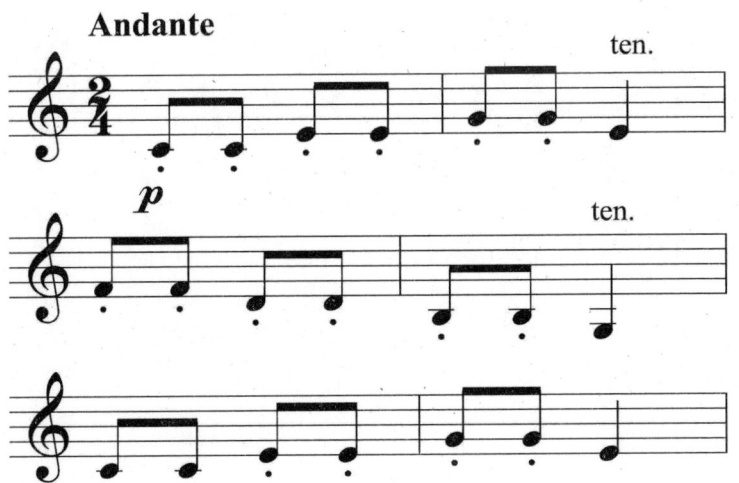

Tonalidad: *do* mayor

J'ai du bon tabac

J'ai du bon ta - bac dans ma ta - ba - tiè - re,

Fine

J'ai du bon ta - bac, tu n'en au - ras pas.

J'en ai du fin et du bien râ - pé,

D.C.

Mais ce n'est pas pour ton vi - lain nez !

Tonalidad: *sol* mayor

Para la explicación de los términos D. C. y *Fine*, véase la Lección 51.

25
CUATRO SEMICORCHEAS

J. S. Bach
El clave bien temperado I
Preludio n.º 2 en do menor BWV 847

Tonalidad: *do* menor

W. A. Mozart
Sonata para piano K 331
Tercer movimiento (« Marcha turca »)

Allegretto

p

Tonalidad: *la* menor

26
CORCHEA – DOS SEMICORCHEAS

G. Bizet
Carmen, « Preludio »

Allegro giocoso

Tonalidad: *la* mayor

J. S. Bach

Suite para orquesta n.º 2 en si menor BWV 1067
« Badinerie »

Tonalidad: *si* menor

27
DOS SEMICORCHEAS – CORCHEA

J. S. Bach
Pequeño libro para Anna Magdalena Bach
« Polonesa » BWV Anh. 125

Tonalidad: sol menor

G. Fauré
Clair de lune, op. 46 n.º 2

Tonalidad: *si* bemol menor

28
LOS INTERVALOS

Un *intervalo* es la distancia entre dos sonidos. Cada intervalo recibe un nombre que indica el número de grados que contiene.

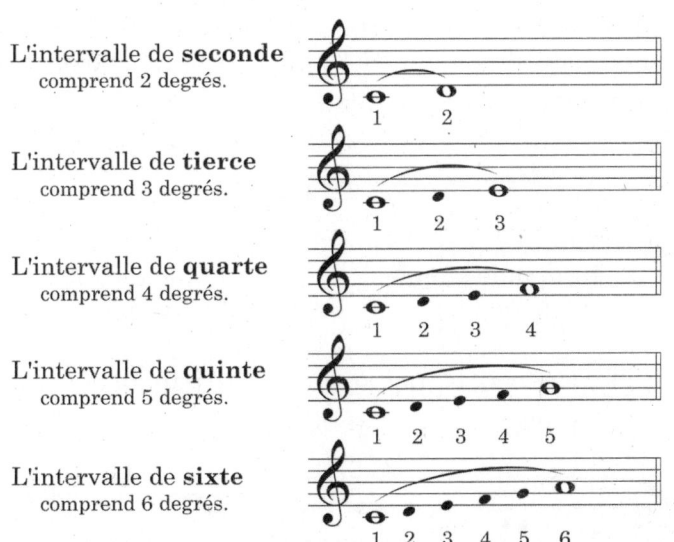

81

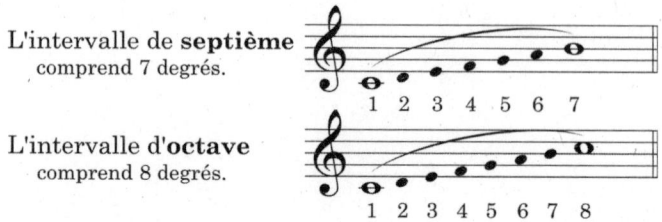

L'intervalle de **septième**
comprend 7 degrés.

L'intervalle d'**octave**
comprend 8 degrés.

Un intervalo es *ascendente* cuando su primera nota es la más grave, y *descendente* cuando su primera nota es la más aguda.

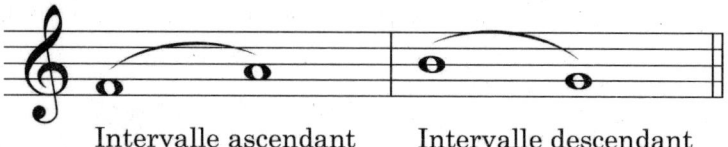

Intervalle ascendant   Intervalle descendant

Un intervalo es *simple* cuando es menor o igual que una octava. Es *compuesto* cuando es mayor (como la *novena*, la *décima*, etc.), ya que no es más que la réplica de un intervalo simple. Así, la *novena* es la repetición de la segunda una octava más alta.

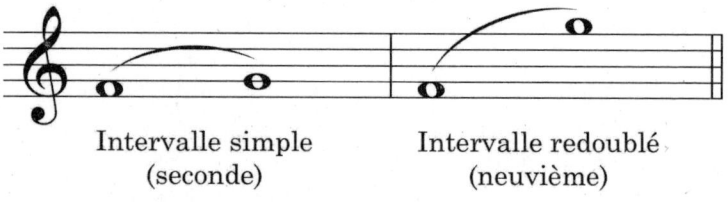

Intervalle simple   Intervalle redoublé
(seconde)   (neuvième)

Dos notas vecinas que se suceden se llaman notas conjuntas. Las demás son notas disjuntas.

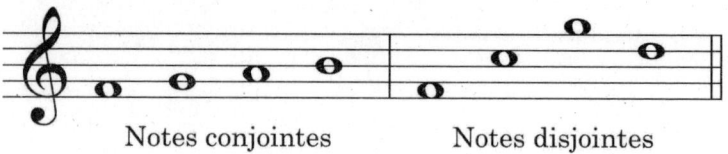

Notes conjointes   Notes disjointes

82

29
LA CUALIFICACIÓN DE LOS INTERVALOS

Todos los intervalos formados por el mismo número de grados, y que por tanto reciben el mismo nombre, no contienen necesariamente el mismo número de tonos y semitonos.

Por ejemplo, algunas segundas comprenden un tono (*do–re*), y otras un semitono (*mi–fa*). Existen, por tanto, segundas mayores que otras.

Para distinguir estas diferentes clases de intervalos, se utilizan varias *cualificaciones*: *menor, mayor, justa, disminuida* y *aumentada*.

Algunos intervalos pueden ser *mayores* o *menores*. Es el caso de:

- la segunda
- la tercera
- la sexta
- la séptima

Los demás intervalos se denominan justos. Es el caso de:

- la cuarta
- la quinta
- la octava

El intervalo es *disminuido* cuando es un semitono cromático menor que el intervalo *menor* o *justo*.

Quinte juste   Quinte diminuée

El intervalo es *aumentado* cuando es un semitono cromático mayor que el intervalo *mayor* o *justo*.

Quinte juste   Quinte augmentée

En la Lección 30 se presenta una tabla de la composición de los intervalos.

30
LA COMPOSICIÓN DE LOS INTERVA-LOS

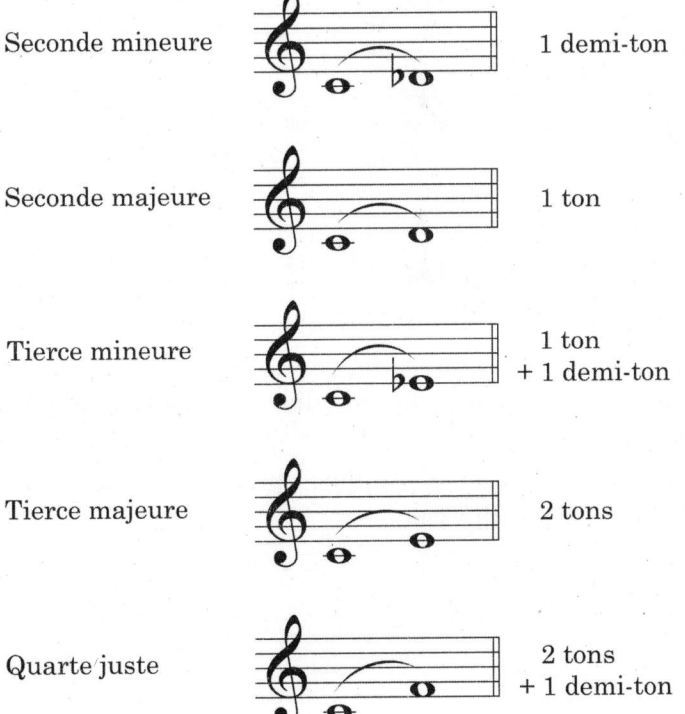

Seconde mineure		1 demi-ton
Seconde majeure		1 ton
Tierce mineure		1 ton + 1 demi-ton
Tierce majeure		2 tons
Quarte juste		2 tons + 1 demi-ton

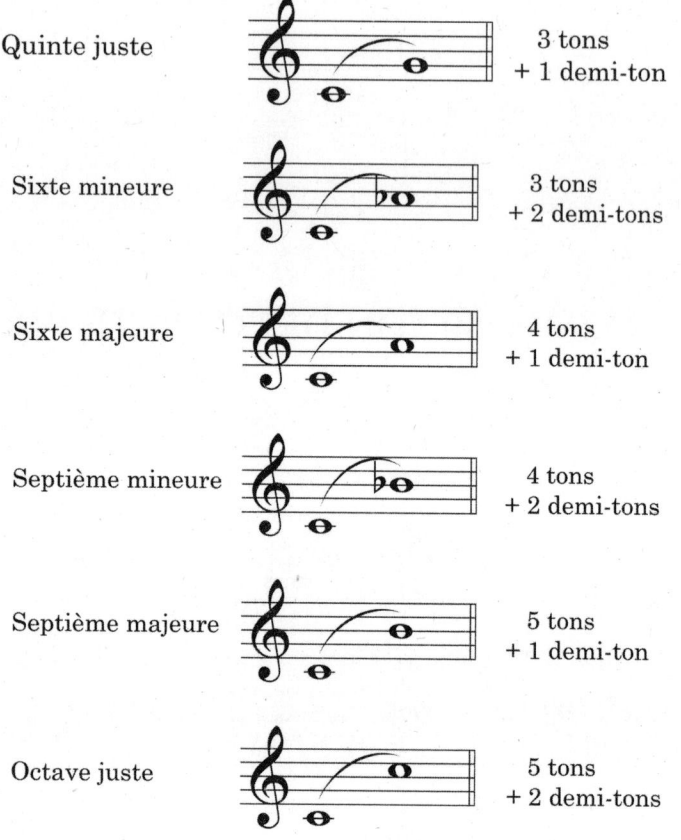

Quinte juste	3 tons + 1 demi-ton
Sixte mineure	3 tons + 2 demi-tons
Sixte majeure	4 tons + 1 demi-ton
Septième mineure	4 tons + 2 demi-tons
Septième majeure	5 tons + 1 demi-ton
Octave juste	5 tons + 2 demi-tons

Todos los semitonos comprendidos en estos intervalos son diatónicos.

En la Lección 59 se proponen piezas para aprender a identificar estos intervalos.

31
LA INVERSIÓN DE LOS INTERVALOS

La *inversión* de un intervalo consiste en intercambiar la posición de las notas que lo forman.

Puede transportarse la nota grave por encima de la nota aguda.

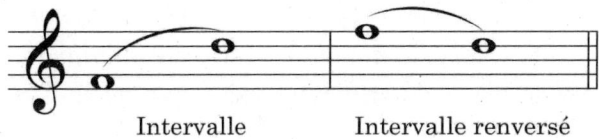

Intervalle Intervalle renversé

También puede transportarse la nota aguda por debajo de la nota grave.

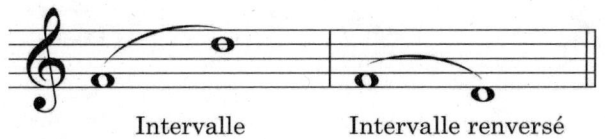

Intervalle Intervalle renversé

Todos los intervalos, salvo los compuestos, pueden invertirse.

Aunque el *unísono* (dos notas que repiten el mismo sonido) no es un intervalo, mediante la inversión da lugar a la octava.

TABLA DE INVERSIÓN DE LOS INTERVALOS

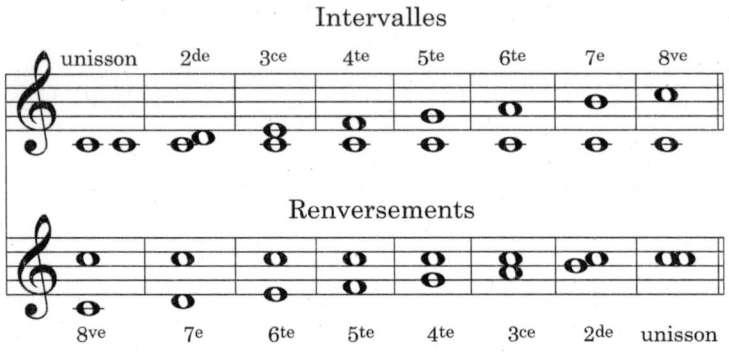

La inversión modifica la cualificación:

- todo intervalo *mayor* se convierte en *menor*;
- todo intervalo *menor* se convierte en *mayor*;
- todo intervalo *aumentado* se convierte en *disminuido*;
- todo intervalo *disminuido* se convierte en *aumentado*.

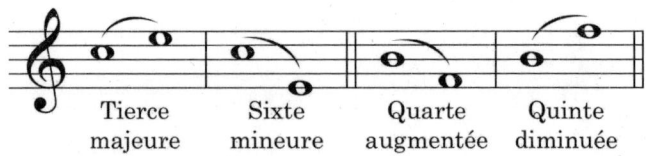

Un intervalo justo permanece justo tras la inversión.

Quinte juste   Quarte juste

32
EL CONTRATIEMPO

Así como los compases pueden dividirse en *tiempos fuertes y débiles* (→ Lección 8), los tiempos se dividen a su vez en *partes fuertes y débiles*.

Se llama *contratiempo*:

1. al ataque del sonido en un tiempo débil del compás, sin prolongarlo sobre el tiempo fuerte siguiente, que queda ocupado por un silencio;

2. al ataque del sonido en la parte débil de un tiempo, sin prolongarlo sobre la parte fuerte del tiempo siguiente, igualmente ocupada por un silencio.

El contratiempo se utiliza con frecuencia en las partes de acompañamiento.

P. I. Chaikovski
Álbum para niños, op. 39 n.º 6
« La muñeca enferma »

W. A. Mozart
Pequeña serenata nocturna K 525
Primer movimiento

33
LA LIGADURA DE PROLONGACIÓN

Para escribir ciertas duraciones, se utiliza la *ligadura de prolongación* (que no debe confundirse con la *ligadura de expresión* → Lección 42), que une varias notas del mismo sonido.

| Le *do* doit durer une noire et une double croche | Le *do* doit durer deux rondes |

Pueden ligarse más de dos notas.

También pueden ligarse notas a través de una barra de compás. Si la primera nota presenta una alteración, no es necesario repetirla en el compás siguiente.

J. S. Bach
Suite para orquesta n.º 3 en re mayor BWV 1068
« Air »

34
LA SÍNCOPA

La *síncopa* es el ataque de una nota en un tiempo débil o en la parte débil de un tiempo, que se prolonga sobre el tiempo fuerte siguiente, o sobre la parte fuerte de ese tiempo.
La irregularidad rítmica introducida por la síncopa resulta, por tanto, de un desplazamiento del tiempo fuerte hacia el tiempo débil, o hacia la segunda parte del tiempo.

PRIMER CASO: DESPLAZAMIENTO AL TIEMPO DÉBIL

Si en una melodía el acento (indicado aquí con >) recae en el tiempo fuerte, la frase melódica no está sincopada.

Lo estará si se desplaza al tiempo débil el tiempo fuerte, y viceversa.

F   f   F   f   F   f   F   f

f = tiempo débil   F = tiempo fuerte

SEGUNDO CASO: DESPLAZAMIENTO A LA PARTE DÉBIL DEL TIEMPO

Versión no sincopada:

1   2   3   1   2   3   1   2   3
F f F f F f   F f F f F f   F f

Versión sincopada:

1   2   3   1   2   3   1   2   3
F f F f F f   F f F f F f   F f

En este segundo caso, las cifras indican los tiempos, mientras que F y f indican las partes fuertes o débiles de los tiempos.

Los ejemplos musicales siguientes ilustran distintos usos de la síncopa:

- blancas en síncopa (Chaikovski);
- negras en síncopa (Pergolesi);
- corcheas en síncopa (Debussy);
- ritmo sincopado durante varios tiempos (Mozart).

P. I. Chaikovski
Las estaciones, op. 37bis n.º 10
« Octubre: canto de otoño »

J.-B. Pergolesi
Stabat Mater
« Inflammatus et accensus »

C. Debussy
Le petit Nègre

W. A. Mozart
Sinfonía n.º 25 K 183, primer movimiento

35
EL PUNTILLO

Un *punto* colocado después de una nota aumenta la duración de esa nota en la mitad de su valor.

Así, la blanca, que vale dos negras, valdrá tres cuando lleve puntillo; la negra, que vale dos corcheas, valdrá tres si lleva puntillo, etc.

Une **ronde pointée** . . . . 𝅝·

vaut 3 blanches . . . . 𝅗𝅥 𝅗𝅥 𝅗𝅥

Une **blanche pointée** . . . . 𝅗𝅥·

vaut 3 noires . . . . ♩ ♩ ♩

Une **noire pointée** . . . . ♩·

vaut trois 3 croches . . . . ♪ ♪ ♪

Une **croche pointée** . . . . ♪·

vaut 3 doubles-croches . . . . . . 𝅘𝅥𝅯 𝅘𝅥𝅯 𝅘𝅥𝅯

Y lo mismo para los demás valores.

SILENCIOS CON PUNTILLO

Un punto también puede aumentar el valor de un silencio. Como en las notas, lo alarga en la mitad de su valor.

Une **pause pointée**	▬·	vaut	▬ ▬
Une **demi-pause pointée**. .	▬·	vaut	▬ ᛬
Un **soupir pointé**	᛬·	vaut	᛬ ᛂ
Un **demi-soupir pointé**. . .	ᛂ·	vaut	ᛂ ᛂ

Y lo mismo para los demás valores.

EL DOBLE PUNTILLO

Una nota puede ir seguida de dos puntos. En ese caso, el segundo punto aumenta esa nota en la mitad de la duración añadida por el primero, es decir, en un cuarto del valor inicial de la nota.

Ejemplo: una blanca con doble puntillo valdrá tres negras más una corchea.

♩.. = ♩ ♩ ♩ ♪

36
BLANCA CON PUNTILLO

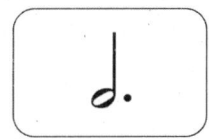

F. Schubert
Cuarteto n.º 13 D 804, op. 29
Primer movimiento (compases 3 a 10)

Allegro ma non troppo

Tonalidad: *la* menor

E. Satie

Gymnopédie n.º 3 (compases 5 a 20)

Tonalidad: *la* menor

37
NEGRA CON PUNTILLO – CORCHEA

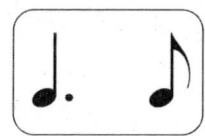

G. Fauré
Réquiem
« Pie Jesu » (compases 2 a 7)

Tonalidad: *si* bemol mayor

J. Brahms
Danza húngara n.º 1

Allegro molto

Tonalidad: *sol* menor

38
CORCHEA CON PUNTILLO – SEMI-CORCHEA

F. Chopin
Mazurca, op. 68 n.º 3

Tonalidad: fa mayor

G. F. Händel
Suite para clave n.º 7 en sol menor HWV 432
« Passacaille »

Tonalidad: *sol* menor

39
EL TRESILLO

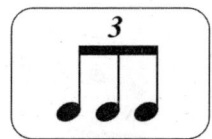

El *tresillo* es un grupo de tres notas que debe ejecutarse en el mismo tiempo que un grupo de dos notas del mismo valor. Se indica mediante la cifra 3 colocada en el centro del grupo.

F. Schubert
Schwanengesang D 957
« Ständchen » (compases 5 a 8)

Tonalidad: *re* menor

C. Debussy
Primera arabesca

Andantino con moto

Tonalidad: *mi* mayor

40
EL MOVIMIENTO

El *movimiento*, o *tempo*, es el grado de velocidad con el que debe interpretarse una pieza. Por lo general se indica mediante términos italianos que se colocan al comienzo de la obra, encima del pentagrama.

Largo	Large, lent
Larghetto	Moins lent que largo
Lento	Lent
Adagio	À l'aise
Andante	Modéré, allant
Andantino	Moins lent que andante
Moderato	Modéré
Allegretto	Moins vif que allegro
Allegro	Gai, vif, allègre
Vivace	Vif
Presto	Vite
Prestissimo	Très vite

Algunos términos permiten completar las indicaciones de movimiento para aportar más matiz y precisión.

Ad libitum	À volonté
A piacere	À plaisir
Assai.	Beaucoup, très
Ma non tanto.	Mais pas trop
Ma non troppo	Mais pas trop
Meno.	Moins
Molto	Beaucoup, très
Più.	Plus
Poco	Peu
Poco a poco.	Peu à peu
Quasi	Presque

Ejemplos: *Adagio ma non troppo, Andantino quasi Allegretto, Allegro assai...*

También es frecuente añadir indicaciones de carácter (→ Lección 44). Ejemplos: *Andante maestoso, Moderato cantabile...*

EL METRÓNOMO

Las indicaciones en italiano dan una idea, necesariamente subjetiva, de la velocidad de la pieza. Por ello se deja cierta libertad al intérprete, a quien corresponde elegir un tempo adecuado para expresar fielmente la intención del compositor.

La velocidad de ejecución puede, sin embargo, indicarse con mayor precisión gracias al *metrónomo*, patentado en 1816 por Maelzel.

Colocada al inicio de la pieza, como complemento o en lugar del término que precisa el movimiento, la indicación metronómica corresponde al número de pulsaciones (entre 40 y 208) contenidas en un minuto. Se expresa mediante una figura musical (por regla general, la que vale un tiempo) seguida de una cifra.

Ejemplo: F. Chopin, *Concierto para piano n.º 1*, op. 11.

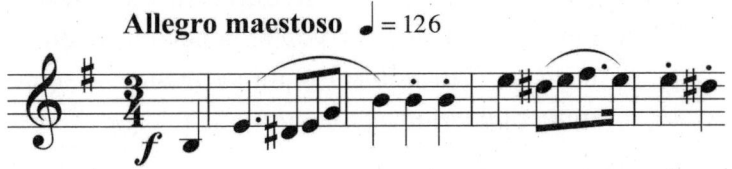

El uso del metrónomo resulta también muy útil durante el estudio de una obra, para mantener un tempo estable y ganar precisión rítmica.

CAMBIAR EL MOVIMIENTO

La velocidad puede variar a lo largo de una pieza musical, ya sea de forma repentina o progresiva.

Los términos que indican una aceleración son:

Animato . . . . Animé
Accelerando . . . . En accélérant
Doppio (movimiento). . . . . Deux fois plus vite
Più mosso . . . . Plus animé

Los términos que indican una ralentización son:

Allargando . . . . En élargissant
Rallentando. . . *rall* . . . . . En ralentissant
Ritardando . . . *ritard / rit* . En retardant
Ritenuto. . . . . *riten / rit* . . Retenu

La vuelta al tempo inicial se indica con *A Tempo, Tempo primo* o *Tempo 1°*.

El *calderón* es un signo que se coloca encima o debajo de una nota para alargar su duración. Corresponde al intérprete decidir su extensión teniendo en cuenta el contexto musical. Colocado sobre un silencio, este signo recibe el nombre de *punto de espera*.

41
LA FRASE – EL FRASEO

Las melodías no están compuestas por notas colocadas arbitrariamente. Están formadas por *frases musicales*, a su vez divididas en miembros de frase, cuya combinación da lugar a un conjunto coherente.

Ejemplo: W. A. Mozart, *Sonata para piano* K 331, primer movimiento.

Como ocurre con el discurso, las frases pueden estar puntuadas de distintas maneras. En este ejemplo, la primera frase termina con una impresión de suspensión y se cerraría con una coma, mientras que la segunda, más conclusiva, terminaría con un punto (→ Lección 56).

EL FRASEO

El *fraseo* consiste en hacer percibir con claridad las distintas partes de cada frase, respetando al mismo tiempo la puntuación musical. Para el intérprete se trata de saber localizar y jerarquizar las diferentes frases en las piezas musicales y presentarlas correctamente, es decir, conducirlas con lógica y gusto desde su inicio hasta su final.

Un buen fraseo en música es tan importante como una dicción clara, sin la cual el discurso hablado sería ininteligible.

LA EXPRESIÓN MUSICAL

La interpretación de una obra sería apagada y fría si uno se limitara a las notas y al ritmo. El respeto del fraseo, pero también de la *acentuación* (→ Lección 42), de las *dinámicas* (→ Lección 43), del *carácter* (→ Lección 44) y de la *ornamentación* (→ Lección 45) contribuye a la *expresión* de la pieza y hace que la interpretación resulte plenamente lograda y viva.

42
LA ACENTUACIÓN

Las indicaciones de *acentuación* precisan la manera de atacar ciertas notas. Pueden afectar a una nota o a un grupo de notas. Tienen un papel importante en la elaboración del fraseo y contribuyen, al igual que las dinámicas, a la interpretación de una obra.

La *ligadura de expresión* que reúne varias notas (que no debe confundirse con la *ligadura de prolongación* → Lección 33) indica que los sonidos deben ligarse entre sí.

Cuando una ligadura reúne dos notas que no tienen el mismo sonido, la segunda suele atenuarse.

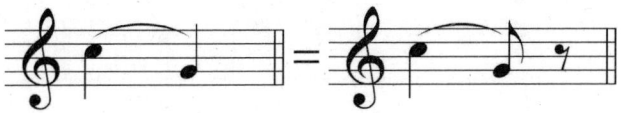

El *punto* indica que la nota debe ejecutarse picada, separada del sonido que la precede y del que la sigue.

El *punto alargado* indica que la nota debe ejecutarse picada, separada aún con mayor nitidez.

El pequeño trazo, llamado *louré*, indica una nota apoyada, algo separada de las demás.

El *acento* > indica que la nota debe atacarse con fuerza y sostenerse suavemente.

El *punto* y la *ligadura* reunidos indican que las notas deben separarse entre sí, pero manteniéndose agrupadas dentro de un mismo fraseo.

El *arpegio* ⦃, colocado delante de un acorde, indica que las notas deben atacarse sucesiva y rápidamente, empezando por la más grave.

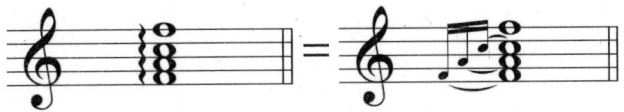

TÉRMINOS DE ACENTUACIÓN

También se indican las distintas maneras de acentuar las notas mediante términos italianos o sus abreviaturas.

Forte piano . . .	**fp**	Fort suivi de doux
Legato.	*Leg*	Lié
Legatissimo . . .	*Leg*^ssimo. . . .	Le plus lié possible
Leggiero	*Legg*	Léger
Marcato	*Marc*	Marqué
Pesante	*Pes*	Pesant, lourd
Rinforzando. . .	*Rinf / rfz* . . .	En renforçant le son
Sforzando. . . .	**sf** / **sfz** . .	Accent subit
Sostenuto	*Sost.*	Le son soutenu
Staccato.	*Stacc*	Détaché
Tenuto.	*Ten*	En tenant le son

43
LAS DINÁMICAS

Las *dinámicas* indican el grado de intensidad de los sonidos. Se representan mediante palabras italianas, la mayoría de las veces escritas en abreviatura.

Pianissimo	***pp***	Très doucement
Piano.	***p***	Doucement
Mezzo piano	***mp***	Moyennement doux
Un poco piano . . .	*poco* ***p*** . . .	Un peu doux
Sotto voce		Murmuré
Mezza voce.		À mi-voix
Un poco forte . . .	*poco* ***f*** . . .	Un peu fort
Mezzo forte	***mf***	Moyennement fort
Forte	***f***	Fort
Fortissimo	***ff***	Très fort

Cuando las dinámicas no aparecen indicadas en la partitura, corresponde al intérprete añadirlas teniendo en cuenta el carácter, el estilo y la época de la obra.

AUMENTAR Y DISMINUIR EL SONIDO

Se emplean también ciertos términos para indicar un cambio gradual de dinámica.

Crescendo	*Cresc*	En augmentant
Decrescendo	*Decresc* . . .	En décroissant
Diminuendo	*Dim.*	En diminuant
Calando	*Cal*	En diminuant
Morendo	*Mor.*	En mourant
Perdendosi	*Perd*	En se perdant
Smorzando.	*Smorz* . . .	En s'éteignant

El *crescendo* y el *decrescendo* se indican asimismo mediante signos.

Las dinámicas son siempre indicaciones relativas: no corresponden a una intensidad absoluta del sonido, sino que dependen de la escala dinámica de la obra. Un *ff* tocado en un contexto *pp* se percibirá seguramente como más intenso que un *fff* en un contexto *ff*.

44
EL CARÁCTER

Las indicaciones de *carácter*, que con frecuencia se añaden a las indicaciones de movimiento (→ Lección 40), señalan el sentimiento que debe prevalecer en un pasaje o en una obra entera. Generalmente se emplean términos italianos:

Affettuoso: afectuoso

Agitato: agitado

Amabile: amable

Amoroso: amoroso

Appassionato: apasionado

Brillante: brillante

Cantabile: cantable

Capriccioso: caprichoso

Comodo: cómodo

Con allegrezza: con alegría

Con anima: con alma

Con bravura: con bravura

Con brio: con brío

Con delicatezza: con delicadeza

Con dolore: con dolor

Con espressione: con expresión

Con fuoco: con fuego

Con grazia: con gracia

Con moto: con movimiento

Con spirito: con espíritu

Con tenerezza: con ternura

Delicatamente: delicadamente

Delicato: delicado

Disperato: desesperado

Dolce: dulce

Dolcissimo: muy dulce

Doloroso: dolorosamente

Drammatico: dramático

Energico: enérgico

Espressivo: expresivo

Furioso: furioso

Giocoso: jovial

Grave: grave, lento

Grazioso: gracioso

Imperioso: imperioso

Lagrimoso: lloroso

Largamente: ampliamente

Leggiero: ligero

Maestoso: majestuoso

Malinconico: melancólico

Mesto: triste

Moderato: moderado

Mosso: animado

Nobile: noble

Patetico: patético

Pesante: pesadamente

Pomposo: pomposo

Religioso: religioso

Risoluto: resuelto

Rustico: rústico, campestre

Scherzando: en broma

Semplice: sencillamente

Sostenuto: sostenido

Teneramente: tiernamente

Tranquillo: tranquilo

Vivace: vivo

Además de permitir una mejor comprensión de la obra, estas indicaciones sugieren una emoción que debe orientar la interpretación.

A partir del siglo XIX, los compositores fueron abandonando progresivamente el italiano en favor de su propia lengua. Algunos incluso invitan al intérprete a adentrarse en un imaginario poético propio y a expresarlo recurriendo a fórmulas más personales, lo que les lleva a ir mucho más allá de las indicaciones tradicionales e incluso a recurrir a la metáfora.

Así, Claude Debussy indica al inicio de su preludio *Des pas sur la neige*: « Este ritmo debe tener el valor sonoro de un fondo de paisaje triste y helado » y más adelante: « Como un tierno y triste pesar ».

45
LOS ADORNOS

Los *adornos* son notas añadidas a una línea melódica para embellecerla. Para los principales, se propone aquí una realización que puede variar según las épocas y los estilos.

La *apoyatura* es un adorno que se ejecuta apoyándolo con más fuerza que la nota que sigue. Por lo general, le quita a la nota principal la mitad de su duración.

La *apoyatura breve,* indicada con una notita tachada, debe ejecutarse rápidamente.

La *apoyatura doble* debe ejecutarse con mayor o menor rapidez según el movimiento de la pieza.

El *grupeto* es un adorno de tres o cuatro notitas, que puede colocarse sobre la nota o entre dos notas. Puede dirigirse hacia arriba

o hacia abajo.

El *trino* es un batido más o menos rápido entre dos notas conjuntas.

El *mordente* consiste en dos notas conjuntas ejecutadas lo más rápido posible.

El grupeto, el trino y el mordente pueden modificarse mediante alteraciones.

46

LOS COMPASES COMPUESTOS

Se llaman compases *compuestos* o *ternarios* aquellos en los que cada tiempo está formado por un valor divisible por tres, como una blanca con puntillo, una negra con puntillo o una corchea con puntillo.

INDICACIONES PRINCIPALES

Los compases compuestos más utilizados son los que contienen el valor de una *negra con puntillo* (es decir, tres corcheas) por tiempo:

- *seis por ocho* $\frac{6}{8}$ para el compás de dos tiempos;
- *nueve por ocho* $\frac{9}{8}$ para el compás de tres tiempos;
- *doce por ocho* $\frac{12}{8}$ para el compás de cuatro tiempos.

En estos compases, el *número inferior* indica la duración que ocupa un tercio de tiempo (aquí: la corchea → Lección 11). El *número superior* indica la cantidad de esos valores. Para hallar el número de tiempos de un compás compuesto a partir de su indicación, hay que dividir el número superior entre tres. Ejemplo: en un 9/8, se divide 9 entre 3: es, por tanto, un compás de tres tiempos.

UN POCO DE LECTURA…

En estos compases, hay que mantener el sonido de una *negra con puntillo* durante un tiempo y el de una *blanca con puntillo* durante dos tiempos.

Los tiempos ternarios producen un balanceo y una sensación de flexibilidad muy diferentes de los tiempos binarios, de ritmo más afirmado.

47
EL COMPÁS DE SEIS POR OCHO

Malbrough s'en va-t-en guerre

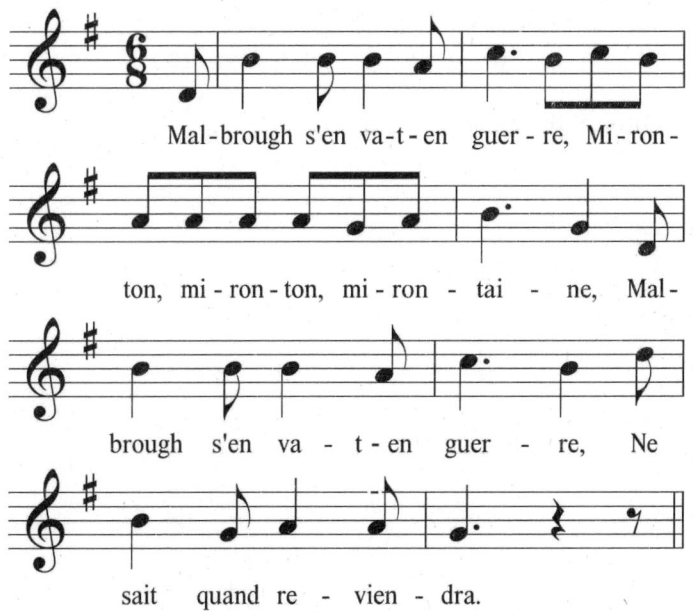

Mal-brough s'en va-t-en guer-re, Mi-ron-
ton, mi-ron-ton, mi-ron-tai-ne, Mal-
brough s'en va-t-en guer-re, Ne
sait quand re-vien-dra.

Tonalidad: *sol* mayor

Il pleut, il pleut, bergère

Il pleut, il pleut, ber - gè - re,

Ren - tre tes blancs mou - tons ;

Al - lons à ma chau - miè - re,

Ber - gè - re, vite, al - lons ___

Tonalidad: *fa* mayor

48
EL COMPÁS DE NUEVE POR OCHO

J. S. Bach
Invención a dos voces n.º 10 BWV 781

Tonalidad: sol mayor

F. Mendelssohn

Romance sin palabras, op. 53 n.º 4

Adagio

Tonalidad: *fa* mayor

49
EL COMPÁS DE DOCE POR OCHO

F. Chopin
Nocturno, op. 9 n.º 2

Tonalidad: *mi* bemol mayor

J. S. Bach
Magnificat BWV 243
« Et misericordia »

Tonalidad: *mi* menor

50
LA SICILIANA

Greensleeves

Tonalidad: *sol* menor

Noche de paz

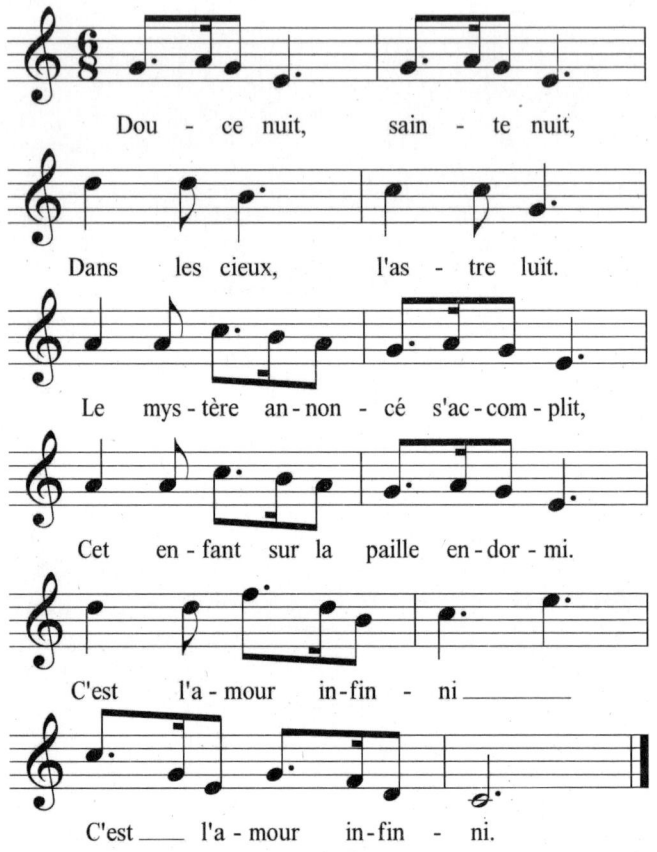

Dou - ce nuit, sain - te nuit,

Dans les cieux, l'as - tre luit.

Le mys - tère an - non - cé s'ac - com - plit,

Cet en - fant sur la paille en - dor - mi.

C'est l'a - mour in - fin - ni

C'est __ l'a - mour in - fin - ni.

Tonalidad: *do* mayor

51
LOS SIGNOS DE REPETICIÓN Y DE SALTO

La doble barra precedida de dos puntos, llamada *barra de repetición*, indica que debe repetirse toda la parte de la obra situada antes de esos dos puntos.

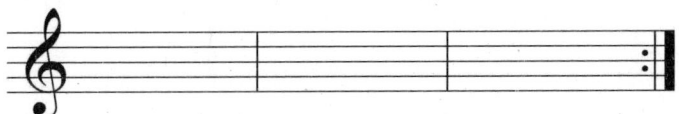

La doble barra seguida de dos puntos marca el lugar desde el que habrá que reanudar la pieza cuando se encuentre otra barra de repetición.

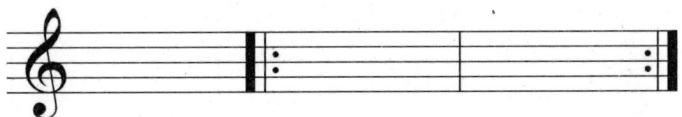

Cuando el último o los últimos compases de una repetición llevan encima las indicaciones *1.ª vez* y *2.ª vez* (o 1. y 2.), se realiza primero la primera repetición y luego se omite el compás o los compases marcados como *1.ª vez* para interpretar los marcados como *2.ª vez*.

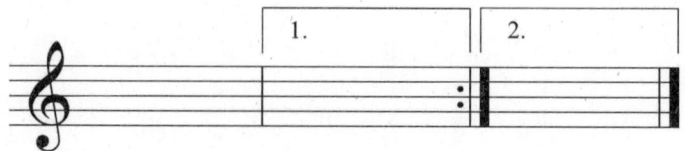

La indicación *Da Capo*, o *D. C.*, señala que hay que volver al comienzo de la pieza hasta la palabra *Fine* (« fin »).

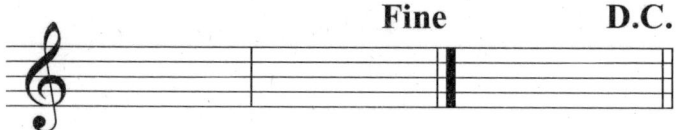

La indicación *Dal Segno* (« desde el signo »), o *D. S.*, significa que hay que retomar desde el lugar donde se encuentra el signo de salto 𝄋.

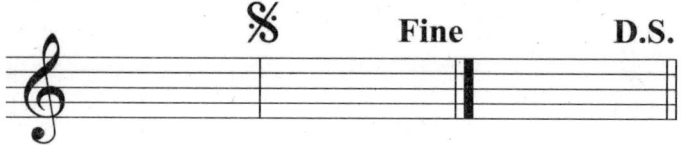

La indicación *Al Coda* remite al signo ⊕ situado al final de la pieza.

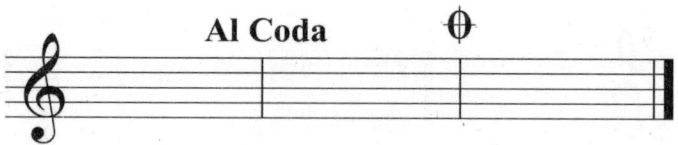

52
LOS COMPASES INCOMPLETOS

A menudo ocurre que el primer compás de una pieza está incompleto. En ese caso, es habitual no escribir los silencios que preceden a las primeras notas. Se escribirá, por tanto:

En lugar de:

Cuando una pieza comienza con un compás incompleto, su último compás suele ser complementario del primero, especialmente cuando hay repetición.

Ejemplo: F. Schubert, Minueto D 41 n.º 5.

LA ANACRUSA

En un compás incompleto, las notas situadas antes del tiempo fuerte del compás siguiente, y que aportan un impulso inicial al tema, forman la *anacrusa*, o *levada*.

La anacrusa puede estar formada por una sola nota, como en *Malbrough s'en va-t-en guerre*,

o por varias, como en *La Marsellesa*.

Cuando los compases de una partitura están numerados, como sucede en el minueto anterior de Schubert, el compás de anacrusa no se cuenta. Se empieza a contar a partir del primer compás completo.

53
EL COMPÁS DE TRES POR OCHO

El compás de *tres por ocho* es un compás de tres tiempos. Contiene tres octavos de redonda, es decir, tres corcheas por compás. Es un compás *simple* o *binario* (→ Lección 12), ya que cada uno de sus tiempos se compone de una corchea, valor divisible por dos. Se dice que este compás es *a la corchea*.

El compás de tres por ocho es similar al de tres por cuatro. Puede asimilarse a un tres por cuatro disminuido. En este compás:

- la corchea vale un tiempo;
- la negra vale dos tiempos;
- dos semicorcheas valen un tiempo, etc.

En un contexto de tempo rápido, el compás de tres por ocho también puede considerarse un compás ternario de un tiempo (véase la *Sonata* K 280 de Mozart, tercer movimiento).

C. Saint-Saëns
El carnaval de los animales
« El elefante » (compases 5 a 12)

Tonalidad: *mi* bemol mayor

54
EL COMPÁS DE DOS POR DOS

El compás indicado con una C tachada o **₵** con la fracción **2/2** es un compás de dos tiempos.

Contiene dos mitades de redonda, es decir, dos blancas por compás. Es un compás *simple* o *binario* (→ Lección 12), ya que cada uno de sus tiempos se compone de una blanca, valor divisible por dos. Se dice que este compás es *a la blanca*.

Por su composición, este compás es análogo al compás ordinario de cuatro tiempos. Solo que, como es la blanca la que vale un tiempo, el valor de cada nota se reduce a la mitad.

En este compás:

- la redonda vale dos tiempos;
- la blanca vale un tiempo;
- la negra vale medio tiempo;
- la corchea vale un cuarto de tiempo, etc.

L. van Beethoven

Variaciones sobre un tema de *Judas Maccabée* de Händel

Allegretto

Tonalidad: *sol* mayor

55
EL ACORDE PERFECTO

Un *acorde* es la reunión simultánea de varios sonidos en forma de terceras superpuestas.

El *acorde perfecto*, llamado así por la satisfacción que produce al oído, es un acorde de tres sonidos formado por:

- una nota de partida, llamada *fundamental*;
- una tercera (mayor o menor);
- una quinta justa.

Cuando la tercera es mayor, se habla de *acorde perfecto mayor*. Cuando la tercera es menor, se habla de *acorde perfecto menor*.

Cuando la *fundamental* está en el bajo del acorde, este se encuentra en estado fundamental. Si no, el acorde está *en inversión*.

Accord à l'état fondamental

Accords renversés

ACORDES PERFECTOS MAYORES

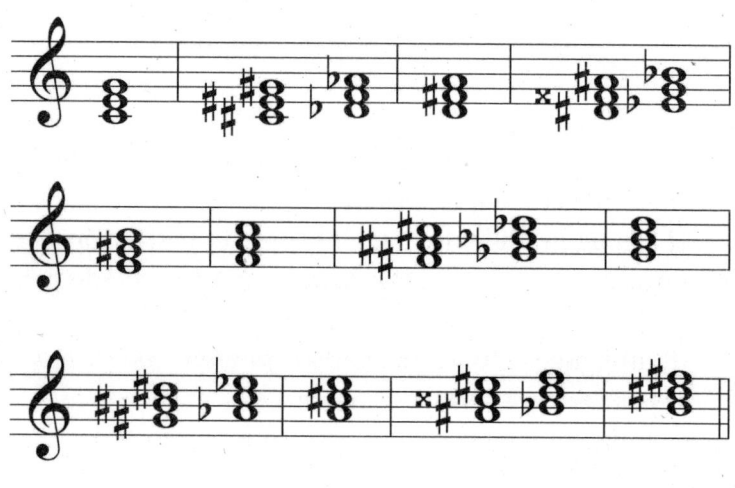

ACORDES PERFECTOS MENORES

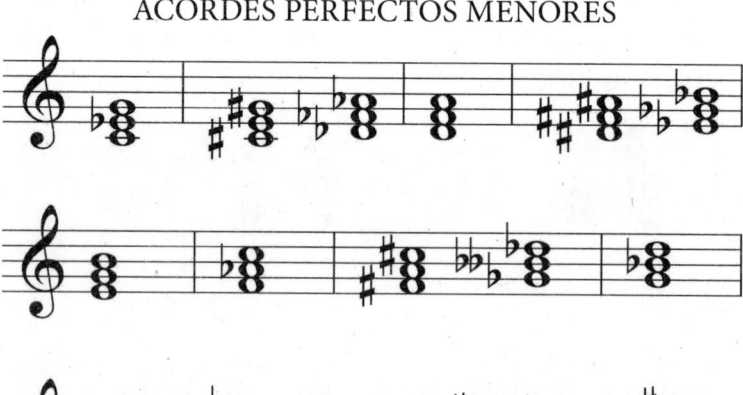

56
LAS CADENCIAS

Una *cadencia* es un encadenamiento armónico que sirve como puntuación en la música. Se encuentran al final de las frases y cumplen distintas funciones: concluir, respirar, sorprender.

La *cadencia perfecta* es la cadencia conclusiva más frecuente. Encadena un acorde de *dominante* (V) y un acorde de *tónica* (I), ambos en estado fundamental.

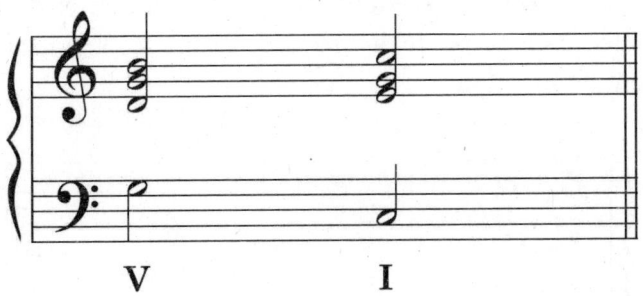

V　　　　**I**

La *semicadencia* produce un efecto de suspensión. Presenta una detención sobre un acorde de *dominante* (V).

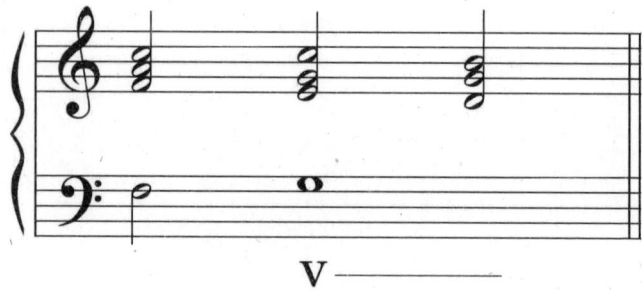

V ⎯⎯⎯⎯⎯

La *cadencia plagal* es una cadencia conclusiva que encadena un acorde de *subdominante* (IV) y un acorde de *tónica* (I), ambos en estado fundamental.

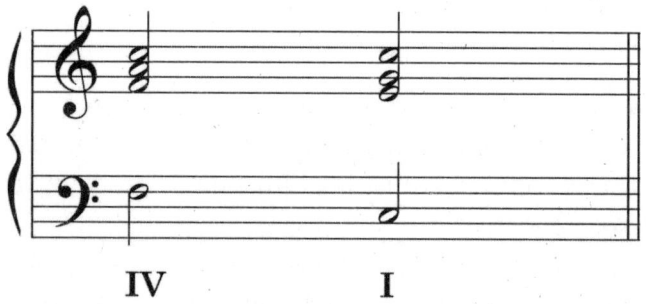

IV   I

La *cadencia rota* se presenta como una cadencia perfecta en la que el acorde de tónica se evita en el último momento en favor del acorde del VI grado. Produce un efecto de sorpresa.

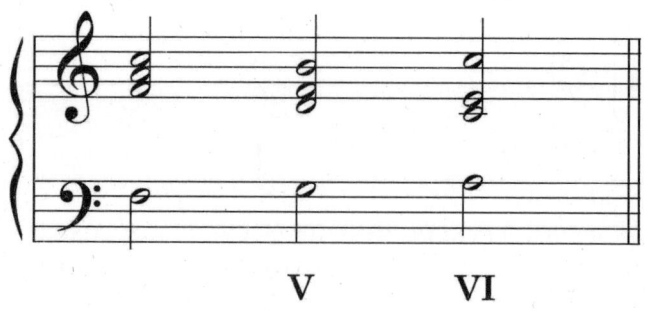

V   VI

57

EL CIFRADO AMERICANO DE LOS ACORDES

En este sistema de cifrado, usado en el jazz y la música popular, se designan las siete notas con letras.

A	B	C	D	E	F	G
la	*si*	*do*	*ré*	*mi*	*fa*	*sol*

A esa letra, que designa la nota fundamental, se añade un cifrado (signos, letras, números) que define la composición del acorde. La lista siguiente presenta cuatro acordes de quinta y seis acordes de séptima sobre *do*.

l'accord parfait majeur . . . . C (CMA ou CM)

l'accord parfait mineur . . . . . . C- (ou CMI ou Cm)

l'accord de quinte augmentée . . . . . . .C^+ (ou Caug)

l'accord de quinte diminuée . . . . $C^°$ (ou Cdim)

l'accord de 7e de dominante . . . . C^7

l'accord de 7e majeure. . . . . . $C^Δ$ (ou CMA^7 ou CM^7)

l'accord de 7e mineure . . . . . .C-^{7} (ou CMI^7 ou Cm^7)

l'accord de 7e diminuée . . . .$C^{°7}$ (ou Cdim^7)

l'accord de 7e mineure et 5te diminuée . $C^ø$ (ou CMI$^{7(♭5)}$)

l'accord de 7e majeure et 3ce mineure C-^{Δ} (ou CMI$^{(MA7)}$)

Los acordes siguientes, acompañados de su composición, pueden transponerse a distintas notas de la escala.

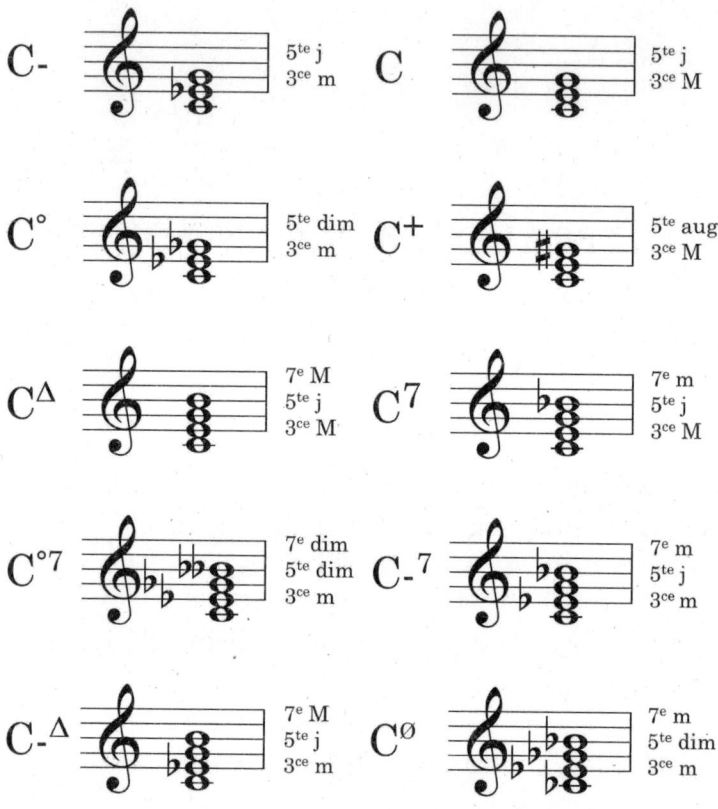

Un acorde del tipo **C/E** designa un acorde invertido. Aquí: el acorde de do con bajo en mi.

58
LAS TABLATURAS

La *tablatura* es un sistema de notación musical que representa de manera esquemática la posición de las notas en un instrumento.

Probablemente es uno de los tipos de notación más antiguos, pues ya aparece en Mesopotamia hacia el 2000 a. C. Este sistema se utilizó especialmente en el Renacimiento para la música de laúd. Entonces se indicaba la colocación de los dedos en las seis cuerdas del instrumento mediante un número o una letra.

Tablatura italiana del siglo XVI.

Este sistema también se aplicó durante un tiempo a instrumentos de teclado como el órgano, representándose cada tecla con un número.

Hoy en día, las tablaturas son utilizadas con frecuencia por los guitarristas en dos formas distintas.

La primera forma indica el lugar donde hay que colocar los dedos para obtener el acorde deseado. Asociada a un *cifrado americano* (→ Lección 57), proporciona información sucinta para acompañar la melodía.

Ejemplo: *Moon River* (H. Mancini y J. Mercer).

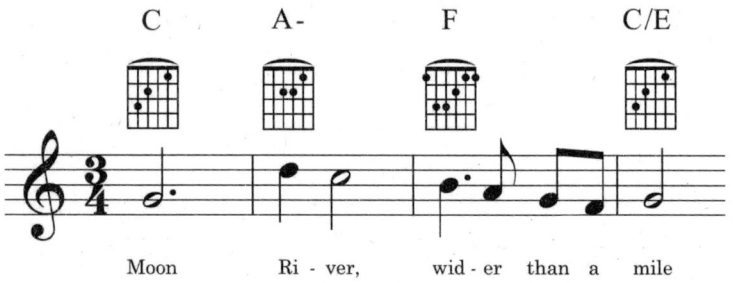

La segunda forma, inspirada en las partituras para laúd del Renacimiento, indica por su parte la totalidad de las notas de la pieza.

Ejemplo: *Frère Jacques.*

59

IDENTIFICAR LOS INTERVALOS

Puede reconocerse un intervalo de oído contando las notas que contiene, pero cada intervalo posee también un color propio y produce una sensación que, con un poco de práctica, es posible identificar directamente, recurriendo por ejemplo a algunos temas:

Segunda menor: L. van Beethoven, *Para Elisa*

Segunda mayor: *Frère Jacques*

Dor - mez - vous ? Dor - mez - vous ?

Tercera menor: *Greensleeves*

Tercera mayor: *À la claire fontaine*

À la clai - re fon-tai-ne M'en al-lant pro-me-ner,

J'ai trou-vé l'eau si bel-le Que je m'y suis bai-gné.

Cuarta justa: *La Marsellesa*

Al-lons en - fants de la Pa - tri - e, Le jour de

gloire est ar - ri - vé !

Quinta justa: *Ah! vous dirai-je, maman*

Ah ! vous di - rai - je, ma - man

Sexta menor: L. Bonfá, *Manhã de Carnaval*

Sexta mayor: G. Verdi, *La Traviata*

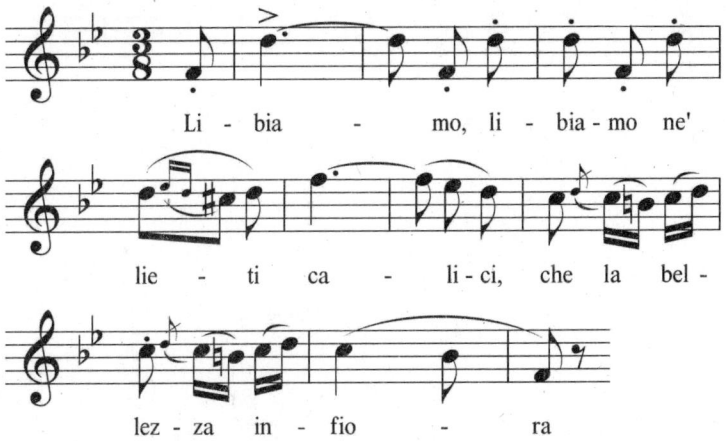

Li - bia - mo, li - bia - mo ne'

lie - ti ca - li - ci, che la bel -

lez - za in - fio - ra

Séptima menor: *Maman les p'tits bateaux*

Ma - man les p'tits ba - teaux Qui vont sur

l'eau Ont - ils des jam - bes ?

Octava justa: G. Bizet, *L'Arlésienne*, Suite n.º 1, « Minueto »

60
COMENTARIO DE AUDICIÓN

Los dos comentarios siguientes requieren conocimientos que podrás encontrar a lo largo de este libro. También leerás los anexos que presentan los instrumentos, el vocabulario y los géneros musicales antes de responder a las preguntas planteadas.

Las respuestas se encuentran en el anexo, p. 156.

AUDICIÓN N.º 1

Maurice Ravel (1875-1937)
Pavana para una infanta difunta (versión orquestal)

1. ¿Qué instrumento interpreta la melodía inicial?
2. ¿Qué instrumento toma el relevo?
3. ¿Qué modo de ejecución, típico de los instrumentos de cuerda frotada, se utiliza para el acompañamiento?

4. ¿Está esta pieza en modo mayor o menor?
5. ¿Cuál es el tempo?
6. ¿Los tiempos son binarios o ternarios?
7. ¿Cuántos tiempos hay por compás?
8. ¿Cuál es la indicación de compás?
9. ¿Cuál es el ritmo regular de las notas del acompañamiento?
10. ¿Cuál es la dinámica general de la pieza?

AUDICIÓN N.º 2

Franz Schubert (1797-1828)
Auf dem Wasser zu singen D 774, op. 72
(« Para cantar sobre el agua », poema de Stolberg)

1. ¿El comienzo de la pieza está en mayor o en menor? ¿Y el final? ¿Cómo se llama este procedimiento?
2. ¿Cuál es el tempo?
3. ¿Los tiempos son binarios o ternarios?
4. ¿Cuántos tiempos hay por compás?
5. ¿Cuál es la indicación de compás?
6. ¿Cuántos compases dura la introducción?
7. ¿El canto comienza con anacrusa?
8. ¿Qué ritmo aparece al comienzo del canto?
9. ¿A qué género pertenece esta pieza?
10. ¿Qué evoca la introducción del piano?

«Mitten im Schimmer der spiegelnden Wellen
Gleitet, wie Schwäne, der wankende Kahn ;
Ach, auf der Freude sanftschimmernden Wellen
Gleitet die Seele dahin wie der Kahn (…)»

«Au milieu de la lueur des vagues miroitantes
Glisse, pareille aux cygnes, la barque vacillante ;
Ah ! sur les vagues brillantes et douces de la joie
Glisse l'âme, là-bas, comme la barque (…)»

ANEXOS

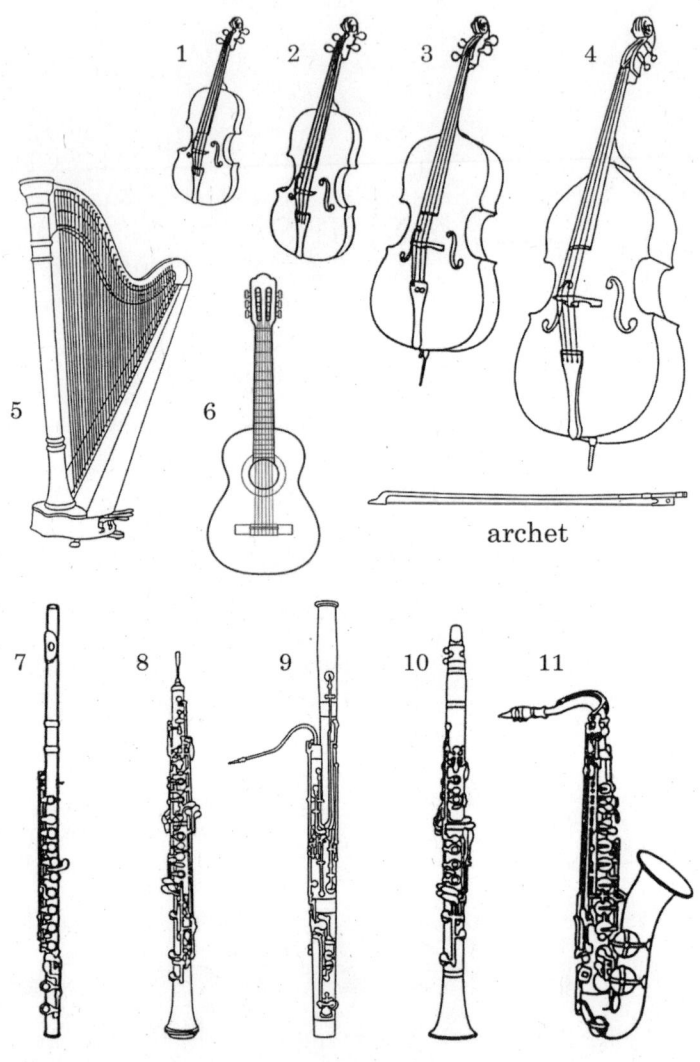

archet

LAS FAMILIAS DE INSTRUMENTOS

Se clasifican los instrumentos en seis familias principales.

LA FAMILIA DE LAS CUERDAS FROTADAS

1. El violín
2. La viola
3. El violonchelo
4. El contrabajo

Se frotan las cuerdas con un arco.

LA FAMILIA DE LAS CUERDAS PULSADAS

5. El arpa
6. La guitarra

LA FAMILIA DE LAS MADERAS

7. La flauta travesera
8. El oboe
9. El fagot (doble lengüeta)
10. El clarinete (lengüeta simple)
11. El saxofón (lengüeta simple)

LA FAMILIA DE LOS METALES

12. La trompeta
13. La trompa
14. La tuba
15. El trombón

LA FAMILIA DE LOS TECLADOS

16. El piano
17. El clave
18. El órgano

LA FAMILIA DE LA PERCUSIÓN

19. La caja clara
20. El triángulo
21. Los platillos
22. Los timbales
23. El bombo
24. El xilófono

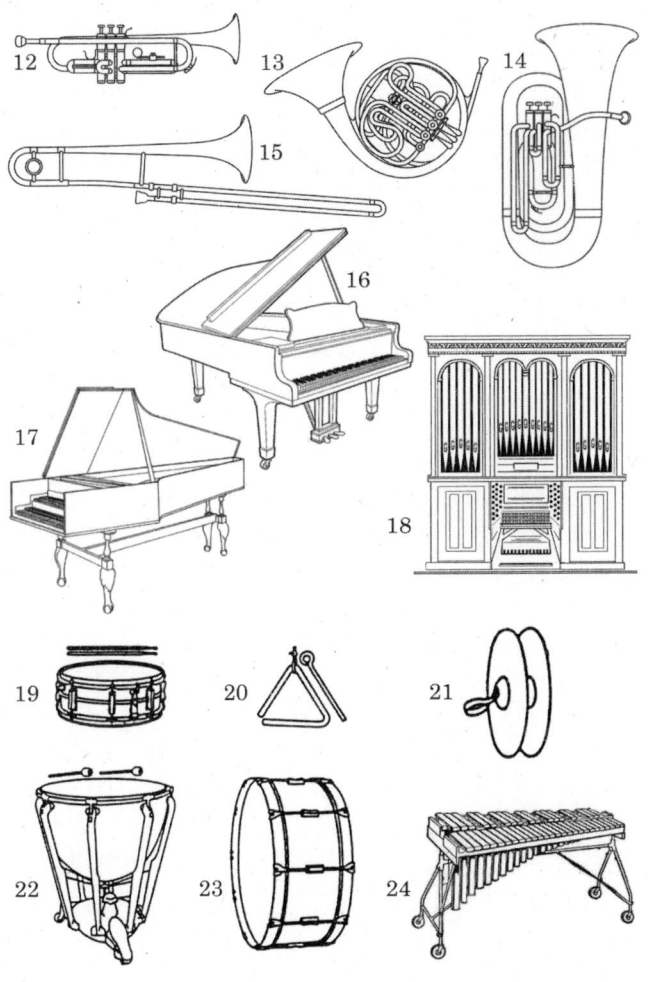

UN POCO DE VOCABULARIO…

A cappella: « a la manera de la capilla ». Se dice de toda música vocal que no necesita acompañamiento instrumental, como fue habitual durante mucho tiempo en la liturgia católica.

Alto: la voz de alto es la menos aguda de las voces femeninas. Se sitúa por debajo de la voz de soprano.

Ambitus: intervalo entre la nota más grave y la más aguda de una melodía.

Arpegio: del italiano *arpeggio*, « toque de arpa ». Notas de un acorde tocadas sucesivamente.

Atonalidad: lenguaje musical nacido a comienzos del siglo XX, que evita recurrir a la tonalidad aboliendo la jerarquía entre los doce sonidos de la escala cromática.

Barroco: período de la historia de la música que va de 1600 (nacimiento de la ópera) a 1750 (muerte de J. S. Bach). Se caracteriza por el uso del bajo continuo.

Barítono: voz masculina intermedia entre la de bajo y la de tenor.

Bajo: 1) voz masculina más grave; 2) nota más grave de un acorde.

Bajo continuo: 1) en música barroca, acompañamiento realizado por un instrumento grave (violonchelo) y un instrumento polifónico (por lo general, el clave o el órgano); 2) por extensión, designa los instrumentos que lo interpretan (también se habla de continuo).

Bajo obstinado: repetición en el bajo de un motivo, normalmente breve. Aparece en géneros como la chacona, la pasacalle o el *ground*.

Canon: imitación estricta que retoma una melodía a intervalos fijos.

Clásico: período de la historia de la música correspondiente a la segunda mitad del siglo XVIII, cuyos principales representantes son Haydn, Mozart y Beethoven (clasicismo vienés).

Coda: parte conclusiva de una obra añadida al final de una pieza.

Consonante: se dice de un intervalo que suena bien o justo, como la octava, la quinta, la cuarta, la tercera y la sexta. Se opone a disonante.

Contrapunto: técnica de escritura musical que consiste en superponer líneas melódicas distintas pero interdependientes.

Diapasón: altura del la, elegida como referencia para afinar los instrumentos. Desde 1953 se fija en 440 hercios. En música antigua es habitual fijar el la en 415 hercios (casi un semitono más bajo).

Disonante: se opone a consonante. Afecta a segundas, cuarta aumentada, quinta disminuida, séptimas y novenas.

Forma musical: estructura y organización de una pieza musical. Ejemplo: forma sonata, forma rondó...

Forma sonata: forma musical mayor aparecida con el clasicismo vienés. Basada en relaciones tonales, se estructura en tres partes: exposición, desarrollo y reexposición.

Armonía: relación sonora de varios sonidos oídos simultáneamente.

Imitación: en polifonía, reexposición de un motivo entre varias voces formando un diálogo.

Melodía: línea musical producida por sonidos oídos sucesivamente.

Mezzo-soprano: voz femenina intermedia entre las voces de soprano y de alto.

Modulación: cambio de tonalidad en el transcurso de una obra.

Movimiento: 1) tempo; 2) pieza que forma parte de una obra mayor. Ejemplo: un concierto comprende tres movimientos.

Edad Media: período de la historia de la música que va del siglo IX al XV.

Opus: « obra ». Término que indica, por lo general de manera cronológica, las obras de un compositor. Un opus puede contener varios números.

Ostinato: 1) bajo obstinado; 2) más generalmente, motivo melódico o rítmico repetido de forma insistente.

Pentatónico: escala musical de cinco sonidos, presente en formas variadas en la música tradicional asiática, en África, en el blues...

Pizzicato: modo de ejecución propio de los instrumentos de cuerda frotada que consiste en pellizcar la cuerda con el dedo en lugar de usar el arco.

Polifonía: « varias voces ». Se dice de la música que hace sonar simultáneamente varias partes, a diferencia de la monodia.

Registro: subdivisión de la tesitura de una voz o instrumento identificable por sus características tímbricas. Ejemplo: el chalumeau del clarinete.

Renacimiento: período de la historia de la música que abarca el siglo XVI.

Romanticismo: período de la historia de la música que abarca el siglo XIX. Se caracteriza por la primacía de la subjetividad del artista, que conlleva la intensificación de la paleta expresiva.

Soprano: voz femenina más aguda.

Sistema: conjunto de pentagramas correspondiente a uno o varios instrumentos.

Tenor: voz masculina más aguda.

Tesitura: conjunto de notas que un instrumento puede tocar.

Tema: melodía principal de una pieza, fácil de reconocer y memorizar. Sirve como material de base para elaborar una composición.

Tercera de picardía: mayoración de la tercera del acorde final de una obra escrita en menor.

Trémolo: repetición rápida de un mismo sonido.

Vibrato: vibración en la sostenibilidad de una nota. Muy utilizado por instrumentistas y cantantes, pero impracticable al piano.

PRINCIPALES GÉNEROS MUSICALES

Los géneros musicales son categorías que agrupan las obras en función de sus características (duración, forma, plantilla, destino…).

Ballet: el género atravesó la Edad Media, el Renacimiento y el período barroco antes de desarrollarse espectacularmente en el siglo XIX y en la primera mitad del siglo XX. Concebida para una coreografía, su música pone de relieve el aspecto rítmico.

Cantata: « que se canta », a diferencia de la sonata (« que suena », escrita para instrumentos). Destinada a la iglesia o al concierto, alterna recitativos, arias, conjuntos y coros, sin olvidar los corales luteranos en los países germánicos.

Concierto: de *concertare* (« rivalizar »). Destinado a resaltar la virtuosidad de un solista frente a la orquesta, consta de tres movimientos (rápido–lento–rápido). Existen también otras formas, como el concierto para varios solistas (doble o triple) y el *concerto grosso* barroco, que hace dialogar un pequeño grupo de solistas (*concertino*) con una plantilla orquestal más amplia (*concerto grosso* o *ripieno*).

Estudio: pieza breve destinada a trabajar la técnica del instrumento. No obstante, supera su mera función didáctica en Chopin, Liszt o Debussy, que lo usan para explorar nuevas posibilidades sonoras y expresivas.

Fuga: composición polifónica procedente de la imitación y el canon, construida sobre un único tema llamado sujeto.

Lied: pieza vocal con acompañamiento de piano que ilustra musicalmente un poema. Los lieder a veces se agrupan en ciclos. Este género, esencialmente alemán, alcanza su apogeo en el Romanticismo. La melodía francesa, afín a él, se desarrolla sobre todo a partir de la segunda mitad del siglo XIX.

Minueto: danza a tres tiempos, a veces integrada en la suite o en la sonata.

Misa: género principal de la música sacra. La misa latina comprende, por un lado, el ordinario, inmutable (Kyrie, Gloria, Credo, Sanctus, Agnus Dei), y por otro, el propio, que varía en cada misa (introito, gradual, aleluya, ofertorio, etc.). Caso particular: el réquiem es la misa de difuntos.

Ópera: obra dramática puesta en música, compuesta por recitativos, arias, conjuntos, coros y a veces danzas, todo ello acompañado por una orquesta. Ha evolucionado a través de la *opera seria* y la *opera buffa* italianas, la tragedia lírica francesa, la ópera romántica, la opereta y el drama wagneriano, antes de múltiples transformaciones en el siglo XX.

Oratorio: ópera sin puesta en escena; suele apoyarse en un tema religioso.

Poema sinfónico: obra sinfónica de forma libre, inventada por Liszt en el siglo XIX. Generalmente en un solo movimiento, busca la equivalencia sonora de un dato extramusical (literario, histórico, filosófico, pictórico, etc.).

Cuarteto de cuerda: pieza escrita para cuatro instrumentos (violín 1, violín 2, viola, violonchelo), cuya estructura reproduce la de la sonata.

Trío, quinteto y sexteto se escriben, respectivamente, para tres, cinco y seis instrumentos.

Sonata: composición para uno o dos instrumentos, generalmente formada por cuatro movimientos: un allegro en forma sonata, un movimiento lento, un minueto (o scherzo) y un final, por lo común brillante.

Suite: sucesión de danzas que alternan movimientos vivos y lentos, distinguiéndose por su ritmo, tempo y carácter. A veces van precedidas de un preludio y comparten la misma tonalidad. Algunas danzas características: alemanda, bourrée, chacona, courante, gavota, giga, minueto, pasacalle, rigaudón, zarabanda, siciliana…

Sinfonía: género para orquesta nacido a mediados del siglo XVIII, que reproduce la estructura de la sonata.

Tema y variaciones: la exposición del tema va seguida de variaciones que lo transforman mediante procedimientos diversos, actuando tanto sobre la melodía (ornamentación) como sobre el ritmo o la armonía (alteraciones, modulaciones).

SOLUCIONES DE LOS COMENTARIOS DE AUDICIÓN

AUDICIÓN N.º 1

Maurice Ravel (1875-1937)
Pavana para una infanta difunta

1.	La trompa	→ p. 144
2.	El oboe	→ p. 142
3.	Pizzicato	→ p. 150
4.	En mayor	→ Lección 19
5.	Lento	→ Lección 40
6.	Binarios	→ Lección 12
7.	Cuatro	→ Lección 8
8.	Cuatro por cuatro	→ Lección 12
9.	Corcheas	→ Lección 24
10.	Pianissimo	→ Lección 43

En la partitura de al lado, las dos trompas en sol son instrumentos llamados transpositores: cuando se escribe la nota do, suena el sol inferior. Por lo tanto, al leer, hay que trasladar todas las notas una cuarta justa hacia abajo para obtener los sonidos reales.

Franz Schubert (1797-1828)
Auf dem Wasser zu singen D 774, op. 72

1.	Comienzo en menor	→ Lección 21
	Final en mayor	→ Lección 19
	Modulación al tono homónimo	→ Lección 23
2.	Moderadamente rápido	→ Lección 40
3.	Ternarios	→ Lección 46
4.	Dos	→ Lección 8
5.	Seis por ocho	→ Lección 46
6.	Ocho	
7.	No	→ Lección 52
8.	La siciliana	→ Lección 50
9.	Es un lied	→ p. 153
10.	Las « olas centelleantes » del poema	

Mäßig geschwind (« Modérément rapide »)

Mit - ten im Schim-mer der spie - geln-den Wel - len glei - tet, wie Schwä-ne, der wan - ken-de Kahn

178

PARA IR MÁS ALLÁ...

- *El solfeo para Dummies*, Jollet J.-C., Pilhofer M., Day H., First, 2007
- *Guía de la teoría de la música*, Abromont C., De Montalembert E., Fayard, 2001
- *Teoría de la música*, Danhauser A., Éditions Lemoine, 1996
- *Manual práctico para el estudio de las claves*, Dandelot G., Éditions Max Eschig, 2009
- *El ritmo a través de las obras*, Jegoux-Krug L., Éditions Combre, 2011
- *Breve manual del comentario de audición*, Abromont C., Fayard, 2010
- *Guía de las formas de la música occidental*, Abromont C., De Montalembert E., Fayard, 2010
- *Guía de los géneros de la música occidental*, Abromont C., De Montalembert E., Fayard, 2010
- *Los géneros musicales*, Denizeau G., Larousse, 2010
- *Historia de la música en Europa*, François-Sappey B., PUF, 2012
- *Los grandes compositores*, Denizeau G., Larousse, 2010

Berenice concluyó la edición de este libro el 20 de marzo de 2026. Tal día de 1992 fallece en Los Ángeles el compositor francés Georges Delerue, autor de numerosas bandas sonoras y ganador del Óscar por *Un pequeño romance* (*A Little Romance*, 1979).